BIOLOGIE HEUTE 5

Bayern

Natur und Technik
Schwerpunkt Biologie

Lösungen

D1730464

Schroedel
westermann

BIOLOGIE HEUTE 5

Bayern

Natur und Technik
Schwerpunkt Biologie

Lösungen

Autoren:
Heinrich Joußen
Dr. Wolfgang Jungbauer
Elsbeth Westendorf-Bröring

westermann GRUPPE

© 2017 Bildungshaus Schulbuchverlage
Westermann Schroedel Diesterweg Schöningh Winklers GmbH, Braunschweig
www.schroedel.de

Druck A[1] / Jahr 2017
Alle Drucke der Serie A sind im Unterricht parallel verwendbar.

Redaktion: Dr. Nora Feye
Illustrationen: Franz-Josef Domke, Brigitte Karnath, Karin Mall
Einbandgestaltung: Janssen Kahlert Design & Kommunikation GmbH
Layout und Satz: Jouve Germany GmbH & Co. KG
Druck und Bindung: westermann druck GmbH, Braunschweig

ISBN 978-3-507-**87351**-3

Inhalt

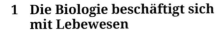
1 Die Biologie beschäftigt sich mit Lebewesen

Seite 9

① Nenne die Anforderungen an Lebewesen, die auf den Abbildungen dieser Doppelseite dargestellt werden.

Lebewesen müssen, um ihre Art zu erhalten und in ihrer Umwelt überleben zu können, bestimmte Anforderungen erfüllen:

- Fortpflanzung
- Wachstum und Individualentwicklung
- Stoffwechsel: Stoff- und Energieumwandlung
- Informationsaufnahme, Informationsverarbeitung und Reaktion
- aktive Bewegung

Hunde und Katzen sind sehr beliebte und weit verbreitete Haustiere. Jedes der abgebildeten Tiere weist unverkennbare Merkmale auf. Die Tiere stammen von ihren Eltern ab (Fortpflanzung). Die neugeborenen Tiere sind zuerst klein. Sie wachsen und entwickeln typische Merkmale (Wachstum und Individualentwicklung).

Sonnenblumen wachsen aus Samen schnell heran (Fortpflanzung, Wachstum und Individualentwicklung). Die Sonnenblumenblüten können sich zum Licht hin drehen (aktive Bewegung, Informationsaufnahme, Informationsverarbeitung und Reaktion).

Kastanienfrüchte enthalten Samen, die unter geeigneten Bedingungen keimen und neue Pflanzen bilden können (Fortpflanzung, Wachstum und Individualentwicklung). Der Keimling ist zuerst gelblichweiß, bildet dann grüne Blätter und kann selbst Nährstoffe herstellen (Stoffwechsel: Stoff- und Energieumwandlung).

Auch für Menschen gelten die Anforderungen an Lebewesen. Dazu gehört, dass sie Nachkommen bekommen (Fortpflanzung, Wachstum, Individualentwicklung).

Die Fiederblätter der Mimose klappen nach einer Berührung ein. Kurze Zeit später entfalten sie sich wieder (Informationsaufnahme, Informationsverarbeitung und Reaktion).

② Prüfe, ob es sich bei den folgenden Beispielen um Lebewesen handelt: Kerzenflamme, Kaktus, Wolke, Igel im Winterschlaf, Pilz, Pflanzensamen. Begründe deine Antworten.

Damit etwas den Lebewesen zugeordnet werden kann, muss es alle Kennzeichen des Lebendigen aufweisen, also Bewegung, Gestalt, Fortpflanzung, Wachstum und Entwicklung, Stoffwechsel und Reizbarkeit. Das ist beim Kaktus, einem Igel im Winterschlaf, einem Pilz sowie einem Pflanzensamen der Fall. Nicht zu den Lebewesen zählen die Kerzenflamme und die Wolke, die beispielsweise beide nicht zu einer eigenständigen Bewegung in der Lage sind.

2 So werden in der Biologie neue Erkenntnisse gewonnen

Seite 13

① Beschreibe und erkläre anhand der Abbildung 3, wie Naturwissenschaftler Erkenntnisse gewinnen.

An erster Stelle der Erkenntnisgewinnung steht eine *Beobachtung*, die mit dem vorhandenen Wissen nicht erklärt werden kann. Ausgehend von dieser Beobachtung wird eine *Frage* formuliert, die von wissenschaftlichem Interesse ist. Es folgt die Aufstellung von *Hypothesen*. Diese stellen mögliche Antworten auf die formulierte Frage dar und beruhen auf bereits vorhandenen Erkenntnissen.

Im Anschluss werden die Hypothesen mithilfe von geeigneten *Versuchen* überprüft. Wenn alle Hypothesen widerlegt werden, weil möglicherweise in eine falsche Richtung gedacht wurde, müssen neue Hypothesen aufgestellt werden.

Sobald mindestens eine Hypothese durch Überprüfung bestätigt werden konnte, wird diese als *Ergebnis* angenommen. Um sicherzustellen, dass keine Fehler unterlaufen sind und die bestätigte Hypothese allgemeingültig ist, werden weitere Versuche in großer Zahl durchgeführt. Bestätigen auch diese Versuche das Ergebnis, gilt dieses als neue *naturwissenschaftliche Erkenntnis*.

(2) Beschreibe einen Versuch, mit dem man folgende Hypothese überprüfen kann: Der Zuckergehalt der Früchte ist abhängig von der Temperatur, die während der Fruchtreife herrscht.

Die Kirschbäume werden während der Fruchtreife in verschiedene Gewächshäuser gestellt. Dort könnten unterschiedliche Temperaturen herrschen. Alle anderen Bedingungen, wie zum Beispiel Licht und Dünger müssen gleich sein. Später kann man im Geschmackstest den Unterschied im Zuckergehalt bestimmen. Für eine genaue Messung bedarf es jedoch einer aufwendigeren Analyse.

Seite 14

METHODE **Betrachten – Beobachten – Beschreiben**

(1) Beschreibe das in Abbildung 2 dargestellte Verhalten der beiden Wölfe.

Ein Wolf liegt auf dem Boden, den Rücken nach oben gerichtet. Der andere Wolf steht direkt über ihm. Der untere Wolf dreht seinen Kopf in Richtung des stehenden Tieres und beißt ihm seitlich in den Hals. Beide Wölfe halten ihre Rute nach hinten gestreckt. Im zweiten Bild hat sich der liegende Wolf auf die Seite gedreht und der stehende Wolf beißt ihm in die Kehle. Dabei hat er immer noch die Rute nach hinten gestreckt und die Nackenhaare stehen ab. Im dritten Bild ist der liegende Wolf komplett auf den Rücken gedreht und der andere beißt in seine Kehle.

(2) **a)** Ordne folgende Aussagen den Methoden „Betrachten" und „Beobachten" zu:
- Ein Wolf läuft auf einen Hund zu. Er will mit ihm spielen. - Beobachten
- Der Polarwolf ist mittelgroß und hat weißes, langes Fell. - Betrachten
- Unterwirft sich ein rangniederer Wolf, legt er sich auf den Rücken und zeigt dem ranghöheren Wolf seine schutzlose Kehle. - Beobachten

b) Begründe, welche Aussage keine korrekte Beschreibung ist und korrigiere sie.

„Er will mit ihm spielen" ist keine Beschreibung sondern eine Deutung. An dieser Stelle wäre eine genauere Beschreibung der Verhaltensweisen und Körperhaltungen der beiden Tiere korrekt.

3 Der Aufbau von Pflanzen- und Tierzellen

Seite 17

(1) Nenne die Aufgaben des Zellkerns und der Chloroplasten.

Der Zellkern enthält das Erbmaterial und steuert die Lebensvorgänge der Zelle.

In den Chloroplasten findet die Herstellung von Traubenzucker statt. In ihnen befindet sich der grüne Farbstoff, der die Lichtenergie der Sonne auffängt.

(2) Vergleiche in tabellarischer Form die Bestandteile einer Pflanzenzelle mit denen einer Tierzelle.

Pflanzenzelle	Tierzelle
Zellkern	Zellkern
Zellplasma	Zellplasma
Zellmembran	Zellmembran
Mitochondrien	Mitochondrien
Zellwand	–
Chloroplasten	–
Vakuole	–

(3) Vergleiche die Unterteilung einer Zelle in verschiedene Zellbereiche mit der Gliederung einer Schule in unterschiedliche Aufgabenbereiche.

Die Pflanzenzelle ist unterteilt in verschiedene Bereiche, die unterschiedliche Aufgaben wahrnehmen. In den Chloroplasten wird Zucker aufgebaut, während in der Vakuole Stoffe gespeichert werden. Beide Vorgänge können so ablaufen ohne, sich gegenseitig zu behindern. Eine Schule ist auch in Aufgabenbereiche unterteilt. Zeitgleich kann eine Klasse im Musikraum musizieren, während eine andere Klasse im Klassenraum eine Mathearbeit schreibt und in der Turnhalle Sportunterricht stattfindet. Die Ausstattung der einzelnen Räume ist genau auf den dort stattfindenden Unterricht abgestimmt.

Seite 21 bis 22

PRAKTIKUM **Mikroskopieren und Präparieren**

1 Zellorganellen von Zwiebelzellen im Lichtmikroskop

a) Zeichne jeweils eine Zelle aus dem ungefärbten und dem gefärbten Präparat. Beschrifte die erkennbaren Strukturen und vergleiche die beiden Präparate.

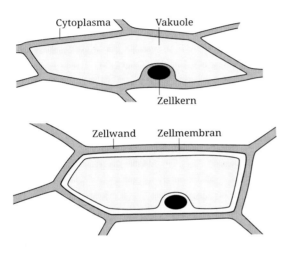

b) Gib an, wie groß der Zellkern der Küchenzwiebel im Vergleich zur gesamten Zelle ist.

Im Mikroskop kann die Größe bestimmt und dann das Verhältnis errechnet werden. Ja nachdem, von welcher Stelle man das Zwiebelhäutchen von der Zwiebelschuppe präpariert hat, ist die Größe der Zwiebelzellen sehr unterschiedlich. So ergeben sich individuelle Lösungen.

2 Wo befindet sich der Farbstoff in den Zellen der roten Zwiebel und der roten Paprika?

a) Stelle Hypothesen zur Versuchsfrage auf.

Möglich wären Vermutungen, dass sich der Farbstoff im Zellsaft der Vakuole oder im Zellplasma befindet.

b) Überprüfe die Hypothesen, indem du die Präparate mikroskopierst. Zeichne je eine Zelle aus der Zwiebelhaut sowie aus dem Fruchtfleisch der Paprika und beschrifte die erkennbaren Strukturen.

Zwiebelzelle:

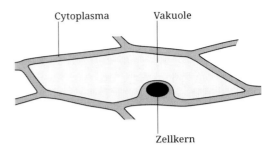

Paprikazelle:

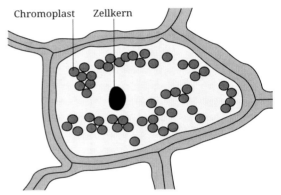

c) Beantworte die Versuchsfrage.

Der rote Farbstoff der roten Zwiebel befindet sich im Zellsaft der Vakuole. Der rote Farbstoff der roten Paprika befindet sich in eigenen Zellorganellen, den Chromoplasten.

3 Zellen der Mundschleimhaut im Lichtmikroskop

a) Zeichne jeweils eine Zelle aus dem ungefärbten und dem gefärbten Präparat. Beschrifte die erkennbaren Strukturen und vergleiche die beiden Präparate.

individuelle Lösungen (vgl. S. 17)

b) Erkläre, welchen Vorteil es hat, wenn man das Präparat mit Methylenblau anfärbt.

Mundschleimhautzellen sind farblos. Die Zellstrukturen sind kontrastarm und im lichtmikroskopischen Bild kaum zu erkennen. Durch spezielle Farbstoffe wie Methylenblau werden bestimmte Strukturen, wie beispielsweise der Zellkern, angefärbt und erscheinen nun farbig und kontrastreich.

c) Stelle Vermutungen an, warum die Zellen eine Art Faltenbildung zeigen.

Beim Präparieren verlieren die Zellen etwas Wasser. Mundschleimhautzellen weisen keine Zellwand auf. Deshalb fallen die Zellen wie ein Luftballon, dem die Luft ausgeht, etwas zusammen. Die Falten entstehen also durch Schrumpfen der Zellen.

d) Nenne Gemeinsamkeiten und Unterschiede zwischen den Mundschleimhautzellen und den Zellen der roten Paprika aus Versuch 2.

Die Zellen aus dem Fruchtgewebe der roten Paprika sind Pflanzenzellen, während die Mundschleimhautzellen Tierzellen sind. Sowohl die Paprikazellen als auch die Mundschleimhautzellen besitzen Zellkern, Zellplasma und Zellmembran. Jedoch haben die Paprikazellen eine feste Zellwand und eine große zentrale Vakuole. Hier sind keine Chloroplasten vorhanden. Die Zellen aus dem roten Fruchtfleisch der Paprika enthalten keine grünen Chloroplasten, aber kleine rote Gebilde. Zellwand, Zentralvakuole und die roten Farbstoffträger fehlen in den Mundschleimhautzellen.

4 Leberzellen im Lichtmikroskop

a) Zeichne eine Zelle aus dem Präparat und beschrifte die erkennbaren Strukturen.

individuelle Lösung

b) Nenne Gemeinsamkeiten und Unterschiede zwischen den Leberzellen und den Zellen der Mundschleimhaut aus Versuch 3 auf Seite 21.

Leberzellen und Mundschleimhautzellen sind Tierzellen. Beide besitzen Zellkern und Zellplasma. Die Zellen aus dem Lebergewebe hängen im lichtmikroskopischen Bild fest zusammen. Sie sind würfelförmig mit etwa gleichem Durchmesser in Länge, Breite und Höhe. Ausnahmsweise können einzelne Zellen auch zwei oder drei Zellkerne enthalten. Die Mundschleimhautzellen sind dagegen meist voneinander gelöst. Sie haben eine kugelige Form.

c) Das untersuchte Präparat ist ein Frischpräparat. Stelle Vermutungen an, warum die Anfertigung eines Dauerpräparats von Leberzellen viel schwieriger ist und meist unbefriedigende Ergebnisse liefert.

Bei der Herstellung eines Dauerpräparats müssen die Zellen chemisch behandelt werden. Sie müssen zuerst fixiert und anschließend in ein konservierendes Mittel eingebettet werden. Dabei kommt es bei empfindlichen Zellstrukturen vielfach zu Veränderungen des Objekts.

d) Manchmal findet man in Frischpräparaten schwarz umrandete Kreise wie auf dem Foto. Erkläre diese Kreise unter Anwendung des naturwissenschaftlichen Erkenntnisweges auf den Seiten 12 und 13.

Beobachtung: Die schwarz umrandeten Kreise treten in Frischpräparaten auf. Die Herkunft und die Natur dieser Gebilde ist unklar.

Frage: Wie kommen diese Kreise, die oft die lichtmikroskopische Untersuchung stören, zustande?

Hypothesen: Die Kreise könnten Strukturen im Präparat sein. Es könnten Anhaftungen am Deckglas oder dem Objektträger sein. Eine weitere Vermutung wäre, dass diese Gebilde mit dem in einem Frischpräparat verwendeten Wasser zusammenhängen.

Planung und Durchführung von Versuchen: Der Vergleich von Frisch- und Dauerpräparaten zeigt, dass die Kreise bei Objekten auftreten, die in einem Wassertropfen unter einem Deckglas liegen. Die Kreise sind nicht zu finden, wenn zum Beispiel ein trockenes Präparat betrachtet wird. Bei einem anderen Versuch könnte man das Wasser unter dem Deckglas mit einem Streifen Filterpapier aufsaugen. Im mikroskopischen Bild wandern die Kreise in Richtung des Filterpapierstreifens. Man könnte nun frisches Wasser ergänzen und es könnten neue Kreise auftreten.

Auswertung: Bei den schwarz umrandeten Kreisen in einem Frischpräparat handelt es sich um störende Luftblasen. Die Kontrollversuche zeigen, dass nur bei Verwendung von Wasser unter einem Deckglas solche Kreise zu beobachten sind.

Erkenntnis, Wissen: Die schwarz umrandeten Kreise stören die Auswertung von Frischpräparaten. Sie sollten deshalb bei der Herstellung von Frischpräparaten vermieden werden.

5 Blätter im Lichtmikroskop

a) Beschreibe vor Versuchsbeginn, welches Ergebnis du erwartest und begründe deine Erwartungen.

individuelle Lösung

b) Führe den Versuch durch und vergleiche deine Beobachtungen mit deinen Erwartungen. Erkläre eventuelle Abweichungen.

individuelle Lösung

c) Nenne mögliche Fehler, die bei der Planung und Durchführung dieses Versuchs auftreten können.

Mögliche Fehler beim Herstellen des Präparats:
– Das Blatt wird nicht in kleinere Stücke geschnitten.
– Die Stücke mit den Blattadern sind zu dick.
– Der verwendete Wassertropfen ist zu groß, sodass das Wasser unter dem Deckglas hervortritt.
– Das Deckglas liegt schräg auf dem Präparat.

Mögliche Fehler beim Mikroskopieren:
– Die gewählte Objektiv-Vergrößerung ist ungeeignet.
– Die Beleuchtung (Durchlicht, Auflicht) ist ungeeignet.
– Der Abstand der Frontlinse des Objektivs zum Deckglas wird beim Objektivwechsel nicht berücksichtigt.
– Der Unterschied zwischen Blattunterseite und Blattoberseite wird nicht beachtet.

d) Formuliere eine mögliche Problemfrage des Versuches, die mithilfe von Teilversuch B untersucht werden soll.
An welchen Stellen an den Blättchen der Wasserpest bilden sich die in der Abbildung erkennbaren Gasbläschen?

e) Stelle vor Versuchsbeginn Vermutungen über das Versuchsergebnis an.
individuelle Lösung

f) Führe den Versuch durch und beschreibe deine Beobachtungen.
individuelle Lösung

g) Erkläre dein Versuchsergebnis und beantworte die Problemfrage des Versuches.
Die Wasserpestpflanze lebt unter der Wasseroberfläche. Die Blättchen weisen keine besonderen Strukturen wie zum Beispiel Löcher für die Abgabe oder Aufnahme von Gasen auf. In den gebildeten Gasbläschen ist Sauerstoff enthalten. Das für den Stoffwechsel notwendige Kohlenstoffdioxid ist im Wasser gelöst und wird über die Blattoberfläche aufgenommen. Der gesamte Gaswechsel erfolgt über die Pflanzenoberfläche.

h) Vergleiche das Versuchsergebnis mit deinen Vermutungen und erkläre eventuelle Abweichungen.
individuelle Lösung

4 Von der Zelle zum Organismus

Seite 23

1 Erkläre die Begriffe Zelle, Gewebe, Organ, Organsystem und Organismus am Beispiel einer dir bekannten Pflanze.
Alle Pflanzenteile bestehen aus Zellen. Die Zellen erfüllen bestimmte Aufgaben und sind zur Erfüllung dieser Aufgaben jeweils speziell ausgestattet. Die Zellen in Blättern enthalten Chloroplasten, um Traubenzucker herzustellen. Mehrere Zellen mit gleicher Funktion in einem Verbund bilden gemeinsam ein Gewebe. Eine Einheit aus verschiedenen Geweben, die für bestimmte Aufgaben verantwortlich ist, ist ein Organ. Das Blatt ist ein Organ, in dem Traubenzucker hergestellt wird und der Gasaustausch stattfinden. Das Organ „Blatt" tauscht mit anderen Organen der Pflanze Stoffe aus. Alle Pflanzenteile, die für den Stoffwechsel zuständig sind, bilden zusammen ein Organsystem. Alle Organe und Organsysteme zusammen bilden den Organismus

Seite 24

AUFGABEN **Veränderung von Wissen im Lauf der Zeit**

1 Zellen
a) Beschreibe anhand der Abbildung und des Textes, welche Vorstellung Hooke vom Aufbau des Korkgewebes hatte.
Hooke wusste nicht, dass die von ihm entdeckten Strukturen ursprünglich lebende, mit Plasma gefüllte Zellen waren. Er beschrieb das, was er sah, nämlich leere, an eine Honigwabe erinnernde „Schachteln". Er erkannte, dass diese Hohlräume im Korkgewebe mit Luft gefüllt sind.

b) Hooke wählte für die von ihm entdeckten Strukturen im Korkgewebe den Begriff „Zelle". Er dachte dabei an die Anordnung der Zellen für Mönche in einem Kloster. Beurteile, inwieweit Hooke den Begriff „Zelle" sinnvoll gewählt hat.
Die Zellen in einem Klostergebäude haben auch noch folgende Merkmale: Tür, Fenster, Anordnung an einem Flur. Daher ist der Begriff nicht ganz passend.

c) Seit der Entdeckung der Zellen durch Hooke hat sich das naturwissenschaftliche Wissen über den Aufbau von Zellen stark verändert. Stelle Vermutungen über die Gründe an.

Beispiellösung: Die technische Ausrüstung von Mikroskopen hat sich verbessert: stärkere Vergrößerung durch Objektive und Okulare, schärfere Darstellung von Strukturen, bessere Beleuchtungseinrichtungen. Die Methoden der Präparation biologischer Objekte haben sich verbessert: Schneiden biologischer Objekte, Anwendung von Färbemitteln für höhere Kontraste. Die Kenntnisse über Bau und Funktion der Pflanzenorgane haben sich wesentlich erweitert. Außerdem wurden die Informationsquellen für die Biologen (Fachbücher, Fachzeitschriften, Fachbibliotheken, Internet) immer umfangreicher.

Seite 25

AUFGABEN Aufbau von Pflanzen- und Tierzellen

1 Modellkritik

a) Gib an, welche Modellbestandteile und welche Bestandteile einer lebenden Zelle sich entsprechen.

Plastikschale – Zellwand
Plastikkugel – Zellkern
Plastiktüte – Vakuolenmembran
Wasser – Zellsaft
Schlauchstücke – Chloroplasten

b) Prüfe, inwieweit das Modell den Aufbau einer Zelle veranschaulicht und gibt an, wo Fehler oder Vereinfachungen vorliegen. Nimm Seite 48 zuhilfe.

Das Modell veranschaulicht gut den räumlichen Aufbau einer Zelle und die Größenverhältnisse der Strukturen. Alle Strukturen sind vereinfacht dargestellt, so zeigen die grünen Schlauchstücke zwar die Lage der Chloroplasten in einer Zelle, nicht jedoch ihre reale Form. Die Farbe der runden Plastikkugel, die den Zellkern veranschaulicht, stimmt jedoch nicht mit der farblosen Struktur des realen Zellkerns überein. Auf die Darstellung des Zellplasmas und der Zellmembran wurde in diesem Modell komplett verzichtet. Eine Pflanzenzelle liegt nie isoliert vor, sondern ist immer von benachbarten Zellen umgeben. Dies kann mit der Plastikschachtel nicht dargestellt werden.

c) Erkläre, wie du das Modell verbessern würdest.

Man könnte die Plastikschale mit einer zweiten farblosen Plastiktüte auskleiden, um damit die Zellmembran zu zeigen und in diese Kleister oder Götterspeise einfüllen um damit das Cytoplasma darzustellen.

2 Das Augentierchen *Euglena*

a) Benenne die Zellstrukturen anhand der Ziffern.

1 – Zellkern, 2 – Chloroplast, 3 – Geißel

b) Erkläre, welche Eigenschaften und Zellstrukturen *Euglena* eher als pflanzliche Zelle und welche es eher als tierische Zelle kennzeichnen.

Das Vorkommen von Chloroplasten ist ein typisch pflanzliches Merkmal. Eine Zellwand und eine Zentralvakuole, ebenfalls typisch für Pflanzen, fehlen jedoch. Die Geißel zur Fortbewegung ist hingegen ein tierisches Merkmal. Auch der Augenfleck, mit dem Licht wahrgenommen wird, ist eher ein tierisches Merkmal.

3 Brennhaare der Brennnessel

a) Ordne den Zahlen in der Schemazeichnung die richtigen Begriffe zu.

1 – Zellplasma, 2 – Vakuole mit Zellsaft, 3 – Zellwand, 4 – Zellkern

b) Erkläre, woran du erkennst, dass es sich um eine Pflanzenzelle handelt.

Die Drüsenzelle ist eine pflanzliche Zellen, weil sie von einer Zellwand umgeben ist. In der Mitte befindet sich eine mit Zellsaft prall gefüllte Zentralvakuole.

c) Erkläre den Zusammenhang zwischen Struktur und Funktion am Beispiel des Brennhaares. Nimm dazu Seite 45 zuhilfe.

Die Brennhaare dienen der Brennnessel zum Schutz vorm Gefressenwerden. Der Zellsaft löst im Hautgewebe ein unangenehmes Brennen aus. Damit der Zellsaft in das Hautgewebe gelangen kann, weißt das Brennhaar bestimmte Strukturen auf, die diese Funktion ermöglichen. Es besitzt eine Sollbruchstelle, an der bei Berührung das Köpfchen abbricht. Das Brennhaar ist nun spitz wie eine Kanüle und dringt in die Haut ein. Aus der prall gefüllten Vakuole spritzt der Zellsaft heraus und verteilt sich im Hautgewebe.

1 Bauplan des Menschen

Seite 31

1 Ordne die Organe Luftröhre, Blutgefäße, Magen und Harnblase einem Organsystem zu.
Luftröhre – Atmungssystem
Blutgefäße – Herz-Kreislaufsystem
Magen – Verdauungssystem
Harnblase – Harnsystem

2 Bildet eine Arbeitsgruppe aus drei bis vier Personen. Schneidet in einen sauberen Plastiksack Löcher für die Arme und den Kopf eines Menschen. Ein Freiwilliger aus eurer Gruppe stülpt sich den Plastiksack über. Die anderen zeichnen mit dicken farbigen Filzstiften die ungefähre Lage der Organe auf den Plastiksack. Es genügt eine Andeutung des Organumrisses ohne innere Strukturen. Präsentiert anschließend eurer ganzen Klasse das Ergebnis und erklärt dabei die Lage und das Zusammenspiel der Organe.
Vgl. Abbildungen und Text auf den Seiten 30 und 31 im Schülerband.

2 Aufnahme und Verarbeitung von Informationen

Seite 32

1 Nenne Umwelteinflüsse, die du im Straßenverkehr wahrnimmst und gib die jeweiligen Sinnesorgane an.
Viele Umwelteinflüsse, die auf uns im Straßenverkehr einwirken, werden von den Augen aufgenommen. Das gilt zunächst für die Lichtreize, die von anderen Verkehrsteilnehmern ausgehen, seien es Fußgänger, Fahrräder oder Kraftfahrzeuge, die sich um uns herum im Straßenverkehr bewegen. Das gilt ebenso für die Lichtreize, die von Fahrzeugen oder von Ampelanlagen ausgestrahlt werden. Auch Verkehrsschilder oder Straßenmarkierungen wie Zebrastreifen oder auffällige Beläge von Radwegen senden Lichtreize aus, auf die Lichtsinneszellen im Auge reagieren. Darüber hinaus werden die vielfältigen Leuchtreklamen und angestrahlten Auslagen der Geschäfte mit den Augen registriert.
Auch die Ohren werden im Straßenverkehr stark gefordert. Sie nehmen Motoren- und Reifengeräusche oder auch Warnsignale auf, die von Kraftfahrzeugen erzeugt werden, aber auch das Klingeln von Fahrrädern und die Rufe und Gespräche von Menschen.
Die Nase nimmt vor allem die Abgase der Kraftfahrzeuge und die Gerüche der anderen Fahrgäste in öffentlichen Verkehrsmitteln auf.
Auch die Tastsinneszellen der Haut nehmen im Straßenverkehr Reize auf. So registrieren die Tastsinneszellen der Füße Unebenheiten des Pflasters, die Tastsinneszellen der Arme das Drängeln der Nachbarn an der Bushaltestelle oder im Bus.

2 Plant in der Gruppe eine Plakatwand zu dem Thema: „Wie werden Mitmenschen mit beeinträchtigten Sinnesleistungen im Straßenverkehr unterstützt?"
individuelle Lösung

3 Erläutere folgende Aussage: „Sinnesorgane sind die Fenster zur Welt."
Würde man in einem Haus wohnen, das keine Fenster hat, so wüsste man gar nicht, was draußen in der Welt vor sich ginge. Man wüsste nicht, ob es Tag ist oder Nacht, ob Sommer oder Winter. Man erhielte nur Informationen aus dem Inneren des Hauses. Ohne die fünf Sinne wäre ein Mensch genau in derselben Situation, wie im Inneren eines fensterlosen Hauses. Er erhielte nur Informationen aus seinem eigenen Körper, wüsste aber nicht, was um ihn herum passierte. Dies ist der Sinn der Aussage: „Sinnesorgane sind die Fenster zur Welt."

Seite 34

1 Erkläre den Begriff Reiz-Reaktions-Kette.
Unter dem Begriff Reiz-Reaktions-Kette fasst man alle Schritte zusammen, die zwischen dem Auftreffen eines Reizes auf den Menschen und seiner Reaktion darauf ablaufen. Dazu gehören die Aufnahme des Reizes durch ein Sinnesorgan, die Umwandlung des Reizes in elektrische Signale, die Weiterleitung der Signale über Nerven zum Gehirn und die Verarbeitung der Signale im Gehirn. Dort werden neue elektrische Signale erzeugt, die über Nerven zu

den Muskeln der Körperteile geleitet werden, die auf den Reiz reagieren sollen. Diese Schritte laufen stets nacheinander in der gleichen Reihenfolge ab.

(2) Übertrage das Schema der Reiz-Reaktions-Kette in dein Heft. Ergänze das Schema um das Zusammenspiel der Organe beim Basketballspielen mit den Namen der beteiligten Organe.
– Sinnesorgan: Auge
– Nerv: elektrische Signale
– Gehirn: Verarbeitung der eingehenden Informationen, Erzeugung von Befehlen für Bewegungen
– Nerv: elektrische Signale
– ausführendes Organ: Muskeln

Seite 35

PRAKTIKUM **Ermittlung der Reaktionszeit**

a) Beschreibe den Ablauf der Reiz-Reaktions-Kette anhand des dargestellten Beispiels.
In dem Beispiel stellt das Lineal einen optischen Reiz dar, der mithilfe des Sinnesorgans Auge wahrgenommen wird. Der Reiz wird in elektrische Signale umgewandelt, die zum Gehirn weitergeleitet und dort verarbeitet werden. Als Ergebnis sendet das Gehirn Informationen, die über Nerven an bestimmte Muskeln der Hand weitergeleitet werden. Diese Handmuskeln ziehen sich als Reaktion zusammen, sodass das Lineal gefasst wird.

b) Erklärt, wie man mithilfe dieses Versuchs die Reaktionszeit, also die Zeit vom Beginn des Reizes bis zur Reaktion, ermitteln kann.
Bei diesem Versuch hält eine Person das mit der Null markierte Ende eines Lineals unmittelbar über die geöffnete Hand der Testperson. Das Lineal wird unerwartet fallengelassen. Dabei handelt es sich um einen optischen Reiz, da die Testperson sehen muss, wann das Lineal losgelassen wird. Daraufhin muss sie so schnell wie möglich reagieren, indem sie die Hand schließt, um das Lineal aufzufangen. Nun wird an der gefassten Stelle am Lineal der Weg *s*, den das Lineal gefallen ist, abgelesen. Mithilfe des gemessenen Fallweges *s* lässt sich die Reaktionszeit über das nach der Zeit umgestellte Weg-Zeit-Gesetz des freien Falls berechnen:

$$\text{Reaktionszeit } [s] = \sqrt{\frac{2s\,[m]}{g}}$$

Im Nenner des Bruchs ist für g die Erdbeschleunigung ($9{,}81\,[m/s^2]$) einzusetzen.

c) Bestimmt eure durchschnittliche Reaktionszeit aus jeweils fünf Messungen und vergleicht sie miteinander. Diskutiert mögliche Fehlerquellen des Versuchs.
Individuelle Lösung, mögliche Fehlerquellen sind Unkonzentriertheit bei der Versuchsperson, fehlerhafte Messungen oder Beeinflussung der Versuchsperson durch den Partner.

AUFGABEN **Reize und Reaktionen**

1 Willkürliche und unwillkürliche Bewegungen
a) Vergleiche anhand der Abbildungen A und B willkürliche und unwillkürliche Bewegungen.
In Abbildung A möchte der Mann einen Fußball schießen. Er entscheidet sich bewusst dazu, die Handlung geschieht also willkürlich. Im Gehirn wird der Befehl für die Schussbewegung erzeugt. In Form von elektrischen Signalen wird dieser Befehl über die Nerven des Rückenmarks und Nerven im Bein bis zu den Beinmuskeln geleitet. Als Reaktion auf die Signale ziehen sich die Beinmuskeln zusammen, sodass der Mann gegen den Ball tritt.
In Abbildung B tritt der Mann auf eine Reißzwecke und zieht als Reaktion seinen Fuß weg. Der Reiz (Schmerz) wird von den Schmerzrezeptoren in der Haut aufgenommen und in Form von elektrischen Signalen über Nerven zum Rückenmark geleitet. Die Signale werden im Rückenmark verarbeitet, wobei neue Signale erzeugt werden. Diese werden über Nerven im Bein an die Beinmuskeln weitergeleitet. Die Beinmuskeln ziehen sich zusammen und der Fuß schnellt nach oben. Im Vergleich zu der Bewegung in Abbildung A geschieht diese Bewegung ohne Beteiligung des Gehirns, also unwillkürlich.
Anmerkung: Unwillkürliche Vorgänge, die ohne Einschaltung des Gehirns ablaufen, nennt man Reflexe. Die Strecke, die die Signale von den Sinneszellen bis zum reagierenden Muskel zurücklegen müssen, bezeichnet man als Reflexbogen. Reflexe kann man weder steuern noch unterdrücken. Sie laufen bei bestimmten Reizen automatisch ab und sind bei allen Menschen gleich.

b) Nenne weitere Beispiele für Reflexe.
Individuelle Lösungen, unter anderem können hier der Kniesehnenreflex, der Lidschlussreflex sowie der Handgreifreflex bei Säuglingen genannt werden.

c) Erkläre anhand der Abbildungen, warum Reflexe schneller ablaufen als willkürliche Bewegungen.
Willkürliche Bewegungen werden zuerst im Gehirn entschieden („Ich will jetzt den Ball schießen."). Daraufhin werden im Gehirn die für die Ausführung der Bewegung nötigen Informationen in Form elektrischer Signale erzeugt. Diese werden über Nerven im Rückenmark und im Bein zu den für die Bewegung benötigten Beinmuskeln geleitet. Die Beinmuskeln ziehen sich daraufhin zusammen, sodass die beabsichtigte Bewegung ausgeführt wird. Der Weg der elektrischen Signale ist relativ lang und die Reaktion infolgedessen eher langsam.
Ein Reflex erfolgt ohne Einschalten des Gehirns, also ohne beziehungsweise bevor es uns bewusst wird. Die Informationen werden über Nerven zum naheliegenden Reflexbogen im Rückenmark geleitet und das Signal gelangt über den Reflexbogen sofort an die reagierenden Muskeln. Dadurch ist die Strecke, die die Signale zurücklegen müssen, kurz und die Reaktion kann schnell erfolgen.

Seite 36

2 Auswirkungen von Alkohol im Straßenverkehr
a) Beschreibe das Diagramm.
Es handelt sich um ein Säulendiagramm. Auf der x-Achse ist die Blutalkohol-Konzentration in Promille von 0,0 bis 1,3 aufgetragen. Auf der y-Achse wird das Unfallrisiko angegeben. Dabei gilt: Auch bei einer Blutalkohol-Konzentration von 0,0 passieren Unfälle. Diese werden zusammengefasst und als Unfallrisiko 1-fach bezeichnet. Weitere Werte auf der y-Achse sind Unfallrisiko 2-fach, 4-fach und 12-fach.

b) Werte das Diagramm mithilfe der Tabelle aus.
Eine Erhöhung der Blutalkohol-Konzentration auf 0,5 ‰ bedeutet eine Verdoppelung des Unfallrisikos. Eine weitere Erhöhung auf 0,8 ‰ bewirkt eine Vervierfachung des Unfallrisikos und eine Blutalkohol-Konzentration von 1,3 ‰ sogar eine Verzwölffachung.
Bei 0,5 ‰ sind Konzentrationsschwäche, nachlassende Reaktionsfähigkeit und falsches Einschätzen von Entfernungen und Signalen typisch. Besonders gefährlich ist das fehlerhafte Erfassen roter Signale, also zum Beispiel roter Ampeln oder Bremslichter.
Bei höheren Blutalkohol-Konzentrationen darf die Person wegen der körperlichen und geistigen Beeinträchtigungen nicht mehr aktiv am Straßenverkehr teilnehmen. Besonders Sehstörungen, Steigerung der

Risikobereitschaft, Müdigkeit und Rauschzustand führen zu einem erhöhten Unfallrisiko. Über 3 ‰ kann eine Alkoholvergiftung sogar zum Tod führen.

c) Beim Autofahren wirken viele Reize auf den Fahrer ein, auf die er angemessen reagieren muss. Sieht er zum Beispiel, dass das Auto vor ihm bremst, muss auch er bremsen. Stelle hierfür die Reiz-Reaktions-Kette dar.
Reiz: Bremslichter beim vorweg fahrenden Auto leuchten rot auf → Sinnesorgan: Auge → Nerv: elektrische Signale → Gehirn: Verarbeitung der eingehenden Informationen, Erzeugung von Befehlen für Bewegungen → Nerv: elektrische Signale → Ausführendes Organ: Beinmuskeln → Reaktion: Tritt auf die Bremse

d) Hat der Fahrer Alkohol getrunken, wirkt sich dies auf seine Reaktionsfähigkeit aus. Eintreffende elektrische Signale können in den Nervenzellen und im Gehirn nur noch langsam weitergeleitet und verarbeitet werden. Übertrage die Reiz-Reaktions-Kette auf dieses Beispiel und leite die Auswirkungen von Alkohol auf die Länge des Bremsweges ab.
Reiz: Bremslichter beim vorweg fahrenden Auto → Sinnesorgan: Auge → Nerv: Verlangsamung der elektrischen Signale → Gehirn: gestörte Verarbeitung der eingehenden Informationen, verlangsamte Erzeugung von Befehlen für Bewegungen → Nerv: Verlangsamung der elektrischen Signale → Ausführendes Organ: Beinmuskeln → Reaktion: verspäteter und verlangsamter, manchmal fehlender Tritt auf die Bremse
Aufgrund der Wirkungen von Alkohol verlängert sich der Bremsweg erheblich. Dadurch steigt das Unfallrisiko beträchtlich.

e) Die Abbildung veranschaulicht den sogenannten „Tunnelblick", bei dem sich mit Zunahme des Blutalkoholwertes das Gesichtsfeld immer weiter einengt. Man sieht wie durch eine Röhre. Stelle Vermutungen über die Auswirkungen auf die Fahrtüchtigkeit im Straßenverkehr an.
Aufgrund des Tunnelblicks werden Ereignisse, die am Rand des Gesichtsfeldes stattfinden, nicht erkannt. Zum Beispiel werden Fußgänger, die einen Zebrastreifen betreten, nicht gesehen.

3 Reiz-Reaktions-Kette beim Zwiebelschneiden
a) Stelle den Vorgang in einer Reiz-Reaktionskette dar. Verwende dabei folgende Begriffe: Tränendrüse, Inhaltsstoffe der Zwiebel, Augen, Nerven, Tränenfluss, Gehirn.
Reiz: Beim Zwiebelschneiden spritzen feine Tröpf-

chen mit den Inhaltsstoffen der Zwiebel in die Augen → Sinnesorgan: empfindliche Haut unter den Augenlidern wird gereizt → Nerv: Reizung wird über elektrische Signale an das Gehirn gemeldet → Gehirn: Verarbeitung der eingehenden Informationen → Nerv: elektrische Signale an die Tränendrüsen → Ausführendes Organ: Tränendrüsen → Reaktion: Bildung von Tränenflüssigkeit; es erfolgt ein Tränenfluss.

b) Stelle eine Hypothese auf, welche Funktion die reizenden Inhaltsstoffe der Zwiebel für die Pflanze haben.
Die reizenden Inhaltsstoffe der Zwiebel werden bei Verletzung von Zwiebelzellen freigesetzt. Eine Hypothese könnte sein, dass diese Stoffe einen Schutz gegen Tierfraß darstellen.

c) In einem Zeitungsartikel wird empfohlen, zum Zwiebelschneiden ein möglichst scharfes Messer zu verwenden und unter fließendem Wasser zu arbeiten. Stelle Hypothesen zur Erklärung dieser Sachverhalte auf.
Ein stumpfes Messer würde die Zwiebelzellen nicht zerschneiden, sondern zerdrücken. Dies würde das Verspritzen von Flüssigkeitströpfchen aus den Zwiebelzellen fördern.
Unter fließendem Wasser werden die gebildeten Tröpfchen weggespült, sodass sie nicht in die Augen gelangen.

Seite 37

EXKURS Bau von Auge und Ohr

1 Beschreibe den Weg des Tons von der Stimmgabel zum Gehirn.
Ein Ton in Form von Schallwellen gelangt im Ohr bis zum Trommelfell. Das Trommelfell schließt das Außenohr ab. Ab hier gibt es keine Luftschwingungen mehr. Stattdessen überträgt das Trommelfell die Schwingungen im Mittelohr auf die Gehörknöchelchen. Die Schwingungen werden verstärkt und auf die Flüssigkeit im Inneren der Schnecke, einem Teil des Innenohrs, übertragen. Hier befinden sich die Hörsinneszellen. Sie werden durch die Flüssigkeitsschwingungen gereizt und erzeugen elektrische Signale. Diese werden über den Hörnerv zum Gehirn geleitet. Dort erfolgt die Wahrnehmung der Informationen als Ton.

Seite 39

1 Begründe die Notwendigkeit einer Schutzbrille und/oder eines Gehörschutzes an manchen Arbeitsplätzen. Nenne passende Beispiele.
Das Auge ist besonders empfindlich, und manche Verletzungen können es irreparabel schädigen. Wenn mit ätzenden Chemikalien gearbeitet wird, sollten Schutzbrillen getragen werden. Auch vor besonders hellem Licht wie zum Beispiel beim Schweißen oder schädlichem UV-Licht und Laserstrahlen, sollte das Auge durch geeignete Schutzbrillen geschützt werden. Außerdem muss das Auge vor dem Eindringen kleiner Fremdkörper geschützt werden, die beim Arbeiten durch die Luft gewirbelt werden könnten.
Auch das Ohr kann durch zu laute Geräusche so stark geschädigt werden, dass die Hörsinneszellen absterben. Die Folge ist Schwerhörigkeit oder sogar Taubheit. An vielen Arbeitsplätzen, zum Beispiel auf dem Bau ist daher ein Gehörschutz wichtig.

2 Nenne geeignete Maßnahmen, um sich vor Augenschäden und Hörschäden zu schützen.
Zum Schutz vor Augenschäden sollte man eine geeignete Schutzbrille tragen. Je nachdem, welche Gefahr für das Auge besteht, gibt es verschiedene Schutzbrillen. Um sich vor Hörschäden zu schützen, muss man vermeiden, sich an Orten mit hoher Lautstärke aufzuhalten. Ist das unvermeidlich, weil es sich beispielsweise um einen Arbeitsplatz handelt, kann durch einen geeigneten Gehörschutz die Lautstärke vermindert werden. Wichtig ist auch, nicht die eigenen Ohren durch zu lautes Musikhören über Kopfhörer zu schädigen. Besonders gefährlich sind die beliebten In-Ear-Kopfhörer.

3 Beschreibe den Zusammenhang zwischen der Lautstärke und der jeweiligen Lärmwirkung anhand von Abbildung 4.
Lärmwirkungen sind erst oberhalb einer Lautstärke von 40 dB zu beobachten. Die Wirkung ist zunächst noch gering. Es treten nur bei empfindlichen Menschen Schlafstörungen auf und Gespräche werden leicht gestört. Das verstärkt sich deutlich ab Lautstärken oberhalb von 80 dB, wie sie beispielsweise durch einen Rasenmäher erzeugt werden. Ab etwa 100 dB kann der Schall die

empfindlichen Hörsinneszellen schädigen und so zu dauerhalten Hörstörungen bis hin zur Taubheit führen. Ab 130 dB verursacht der Lärm Schmerzen. Schon kurzzeitiger Schall in dieser Lautstärke kann zu nicht mehr behebbaren Hörschäden führen.

Seite 40

EXKURS Aufbau der menschlichen Haut

(1) Nenne die Aufgaben der drei Hautschichten.
Oberhaut: Schutz
Lederhaut: Reizaufnahme
Schweißproduktion
Talgbildung
Unterhaut: Einlagerung von Fett

Seite 41

(1) Beschreibe die Bedeutung von Farbstoffen in der Haut mithilfe von Abbildung 1.
Bei ungebräunter Haut fehlen die Farbstoffe, die in der Lederhaut gebildet werden. Die gefährlichen UV-Strahlen dringen bis in die Unterhaut vor und können dort Zellen schädigen, manchmal sogar Hautkrebs auslösen.
Bei der Bräunung werden bestimmte Farbstoffe gebildet. Sie filtern die UV-Strahlen und schützen dadurch die Zellen in der Unterhaut.

(2) Ermittle mithilfe der Abbildung 2 deinen Hauttyp. Berechne, wie lange du ungefähr in der Sonne bleiben darfst, wenn du eine Sonnencreme mit Lichtschutzfaktor 30 aufgetragen hast. Leite daraus persönliche Regeln für das Sonnenbaden ab.
Um zu berechnen, wie lange eine Sonnencreme die Haut vor Sonnenbrand schützt, wendet man folgende Rechenformel an:
Eigenschutzzeit (min) x Lichtschutzfaktor = maximale Zeit in der Sonne (min)
Hinweis: Für Kleinkinder darf die Formel nicht angewendet werden, da deren Haut viel empfindlicher ist als die Haut von Jugendlichen und Erwachsenen. Bei Anwendung der Rechenformel wird die schädigende Wirkung von UV-Licht nicht berücksichtigt. Auch die Sonnenstrahlung ist sehr unterschiedlich (Tageszeit, Bewölkung). Sicherheitshalber sollte von der berechneten maximalen Zeit in der Sonne ein Anteil von 40 % abgezogen werden.
Rechenbeispiel:
Hauttyp I, Eigenschutzzeit 5 Minuten
Lichtschutzfaktor 30
Berechnung der maximalen Zeit in der Sonne (min):
5 min x 30 = 150 min
davon 40 % = 60 min
Gesamtzeit: 150 min – 60 min = 90 min

(3) Entwickle Hypothesen, warum die Bräunung der Haut nach einem Sonnenbad nicht dauerhaft ist.
Die Bräunung der Haut wird durch die Strahlung hervorgerufen. Fehlt die Strahlung, wird der Farbstoff abgebaut und es entsteht kein neuer.

Seite 42

AUFGABEN Schutz von Augen, Ohren und Haut

1 Sonnenbrillen
a) „Sind bei einer Sonnenbrille die Gläser zwar getönt, aber fehlt der UV-Filter, schadet sie mehr als sie nützt." Erkläre diese Aussage mit der Hell-Dunkel-Anpassung der Augen.
Bei grellem Licht verkleinern sich die Pupillen und halten dadurch den Lichteinfall möglichst gering. Dadurch wird auch der Einfall von UV-Strahlen in die Augen geringer. Sonnenbrillen haben getönte Gläser, die die Augen vor starkem Lichteinfall schützen. Dadurch weiten sich die Pupillen und es gelangt mehr schädliche UV-Strahlung in die Augen. Dies wird durch einen wirksamen UV-Filter verhindert.

b) Die UV-Strahlung im Sonnenlicht ist unsichtbar, kann aber die Augen nachhaltig schädigen. Recherchiere im Internet, welche Augenschäden durch UV-Strahlung verursacht werden können und was die Kennzeichnung UV 400 bei Sonnenbrillen bedeutet.
Die häufig verwendete Bezeichnung UV 400 gibt an, dass alle Wellenlängen unter 400 nm gefiltert werden, also auch UV-Strahlung. Jedoch ist der Begriff nicht standardisiert.

2 UV-Schutz
a) Beschreibe die Abbildung
Die Tabelle umfasst drei Spalten und fünf Zeilen. In der ersten Spalte werden in den Zeilen die UV-Index-Werte

in Gruppen zusammengefasst. Die zweite Spalte ordnet den UV-Index-Werten Begriffe für die maßgeblichen Strahlungsstärken zu. In der dritten Spalte werden in jeder Zeile die Schutzmaßnahmen gegen die UV-Strahlung in Form von Symbolen aufgeführt.

b) Erkläre die Schutzmaßnahmen, die bei starker UV-Strahlung ergriffen werden sollen.
Bei einem UV-Index höher als 8 sollte man zum Schutz eine wirksame UV-Sonnenbrille trtagen, Sonnenschutzmittel mit hohem Lichtschutzfaktor auftragen, eine wirksame Kopfbedeckung tragen und sich im Schatten aufhalten.

c) Bewerte die Aussagekraft des UV-Index.
Der UV-Index (UVI) ist von vielen Faktoren abhängig, wie zum Beispiel der Tages- und Jahreszeit, dem geografischen Breitengrad oder der Dicke der Ozonschicht. Besonders hoch ist er zum Beispiel in den höheren Lagen der Alpen, sodass hier auch im Winter extreme Werte erreicht werden. Da die schädigende Wirkung der UV-Strahlung vom Hauttyp und dem Bräunungsgrad eines Menschen abhängt, kann der UVI nur als vergleichender Anhaltspunkt genutzt werden. Zum Beispiel wird der UVI manchmal in Wetterprognosen genannt. Dann können die Menschen jeweils für sich abschätzen, mit welchen Schutzmaßnahmen sie Schädigungen durch UV-Strahlung vermeiden können.

3 Schwerhörigkeit in Deutschland
a) Stelle den Anteil schwerhöriger Menschen in den jeweiligen Altersklassen in einem geeigneten Diagramm dar.

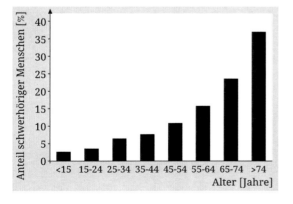

b) Beschreibe das Diagramm und stelle Vermutungen über die Ursache von Hörschäden im Laufe des Alters an.
Es handelt sich um ein Säulendiagramm. Auf der x-Achse sind die Altersklassen aufgetragen, auf der y-Achse der jeweilige Anteil schwerhöriger Menschen in Prozent.
Der Anteil von schwerhörigen Jugendlichen und jungen Erwachsenen liegt zwar jeweils unter 10 %, wäre aber bei richtigem Verhalten möglicherweise geringer. Als Ursache gilt vor allem lautes Musikhören über Kopfhörer. Bei älteren Menschen wird Schwerhörigkeit meist durch den altersbedingten Abbau von Hörsinneszellen oder Veränderungen im Gehirn verursacht.

c) Fasse den Zeitungsbericht über Hörschäden bei Jugendlichen zusammen und ziehe persönliche Schlussfolgerungen.
Durch zu hohe Lautstärke oder eine zu lange Lärmbelastung kann es zu dauerhaften Schäden im Ohr kommen. Geschädigte Hörsinneszellen können nicht ersetzt werden. Im Artikel wird darauf verwiesen, dass die Zahl schwerhöriger Jugendlicher in den letzten Jahren stark angestiegen ist (um 38 %). Als Ursache hierfür gilt vor allem laute Musik über Kopfhörer zu hören.
Die Schüler könnten sich hier einige Verhaltensregeln für ihren Umgang mit lauter Musik überlegen.

d) Je nach Schwere kann ein Hörschaden zu Einschränkungen bei der Berufswahl führen. Nenne Berufe, für die ein gutes Hörvermögen eine Voraussetzung ist.
individuelle Lösung

3 Knochen, Muskeln und Gelenke ermöglichen Bewegung

Seite 45

① Vergleiche den Bauplan des Arm- und Beinskeletts tabellarisch.

Der Vergleich zeigt, dass Arm- und Beinskelett den gleichen Grundbauplan aufweisen. Aufgrund unterschiedlicher Funktionen weisen die einzelnen Knochen jedoch Unterschiede in Form, Größe, Ausprägung und Anordnung auf.

	Armskelett	Beinskelett
Knochen, die sich in der Anordnung entsprechen	Oberarmknochen Elle Speiche Handwurzelknochen Mittelhandknochen Fingerknochen	Oberschenkelknochen Wadenbein Schienbein Fußwurzelknochen Mittelfußknochen Zehenknochen
Knochen des Beinskeletts ohne entsprechenden Knochen im Armskelett		Kniescheibe
Hand-/ Fußknochen	Handwurzelknochen und Mittelhandknochen sind kleiner/dünner als die entsprechenden Fußknochen	Fußwurzelknochen und Mittelfußknochen sind stärker und kompakter als die entsprechenden Handknochen
Daumen/ großer Zeh	kann abgespreizt werden	kann nicht abgespreizt werden

Seite 46

① Beschreibe anhand der Abbildung 1 A den Aufbau eines Brustwirbels.

Ein Brustwirbel besteht aus einem Wirbelkörper und einem Wirbelbogen. Der Wirbelkörper ist oben und unten abgeflacht, sodass zwischen den einzelnen Wirbeln Platz für die Bandscheiben ist. An seinen Seiten weist er jeweils eine Kontaktstelle (Grube) für die Rippen auf. Zwischen Wirbelkörper und Wirbelbogen ist ein Hohlraum, das Wirbelloch. Der Wirbelbogen besteht aus einem Dornfortsatz und zwei Querfortsätzen.

② Beschreibe anhand der Abbildung 1 B, wie das Rückenmark und die davon abzweigenden Nerven in der Wirbelsäule eingebettet sind.

Zwischen dem Wirbelkörper und dem Wirbelbogen der einzelnen Wirbel befindet sich das Wirbelloch. In der Wirbelsäule sind die Wirbel übereinander angeordnet, sodass die Wirbellöcher aller Wirbel einen Kanal bilden. Das Rückenmark verläuft durch diesen Kanal, sodass es sicher geschützt ist. Durch das Zwischenwirbelloch, einem Hohlraum zwischen übereinander liegenden Wirbeln, zweigen senkrecht zum Rückenmark Nerven ab.

③ Beschreibe die Bedeutung der Bandscheiben für die Beweglichkeit der Wirbelsäule.

Die Bandscheiben ermöglichen die Bewegungen des Beugens und Überstreckens. Sie liegen zwischen den Wirbeln und werden bei der jeweiligen Bewegung außen beziehungsweise innen zusammengedrückt.

Seite 47

AUFGABEN Skelett des Menschen

1 Skelett eines Menschen?

a) Gib in Form einer Tabelle mindestens fünf Strukturen des menschlichen Skeletts und deren Funktion an, zum Beispiel Schädel – Schutz

Beispiellösung:

Struktur	Funktion
Wirbelsäule	Stütze für den Rumpf, Bewegung des Rumpfes
Schultergürtel	Verbindung des Armskeletts mit der Wirbelsäule
Beckengürtel	Verbindung des Beinskeletts mit der Wirbelsäule
Armskelett	Stütze für die Arme, Bewegung
Beinskelett	Stütze für die Beine, Bewegung

b) Vergleiche das fossile Skelett mit dem menschlichen Skelett und beurteile die Aussage von Scheuchzer, dass es sich um einen „Menschen aus der Zeit der Sintflut" handelt, aus heutiger Sicht.
Der Schädel hat einen anderen Aufbau als ein menschlicher Schädel. An der Wirbelsäule fehlen die Rippen. Es fehlt auch der Schultergürtel. Die Knochen des Armskeletts sind kürzer als beim Menschen. Es kann sich also nicht um das Skelett eines Menschen handeln.
1726 waren die biologischen Kenntnisse noch sehr gering. Dennoch hätte Scheuchzer erkennen müssen, dass es kein menschliches Skelett sein konnte. Für Scheuchzer war, wie für viele andere Menschen seiner Zeit die biblische Beschreibung der Sintflut gleichbedeutend mit einem wissenschaftlichen Bericht.

c) Recherchiere im Internet über den von Scheuchzer gefundenen „Menschen aus der Zeit der Sintflut" und finde den korrekten Namen des Fundes heraus.
Der französische Naturforscher Georges Cuvier (1769 – 1832) erkannte das Fossil als ausgestorbenen Riesensalamander, der vor rund 15 Millionen Jahren gelebt hat. Sein Name ist *Andrias scheuchzeri*

2 Vergleich Lendenwirbel und Halswirbel
a) Benenne die Wirbelbestandteile anhand der Ziffern und erläutere ihre jeweilige Funktion.
1 Dornfortsatz: Schutz des Rückenmarks, Ansatz von Muskeln und Bändern
2 Wirbelbogen: Schutz des Rückenmarks
3 Wirbelloch: Durchtritt des Rückenmarks
4 Querfortsatz: Schutz des Rückenmarks, Ansatz von Muskeln und Bändern
5 Wirbelkörper: Stabilisierung der Wirbelsäule, Auflagefläche für die Bandscheiben

b) Beschreibe die Unterschiede und Gemeinsamkeiten von Lendenwirbel (links), Halswirbel (rechts) und Brustwirbel (Seite 46, Abbildung 1 A).
Der Lendenwirbel ist größer und stabiler gebaut als die anderen beiden, weil auf ihm mehr Gewicht lastet. Der Halswirbel ist am kleinsten, besitzt aber einen stärker ausgeprägten Dornfortsatz, der flexiblere Drehbewegungen ermöglicht. An den Brustwirbeln befinden sich die Ansatzstellen für die Rippen. Alle besitzen ein Wirbelloch für das Rückenmark sowie einen flachen Wirbelkörper, auf dem die Bandscheibe liegt.

c) Stelle eine Hypothese auf, warum die Wirbelkörper der verschiedenen Wirbel unterschiedlich groß sind.
Die Wirbelkörper nehmen von oben nach unten in ihrer Größe zu. Je größer der Wirbelkörper, desto höher ist die Belastungsfähigkeit. Die Größenzunahme könnte durch die von oben nach unten zunehmende Belastung der Wirbel durch das Körpergewicht bedingt sein.

3 Skelette von Mensch und Hund
a) In der Abbildung wurden die verschiedenen Skelettteile mit unterschiedlichen Farben gekennzeichnet. Fertige eine Tabelle an, in der du den verschiedenen Skelettteilen die einzelnen Farben zuordnest.

Farbe	Skelettteil
grau	Schädel
beige	Wirbelsäule
orange	Becken
lila	Oberarm/Oberschenkel
blau	Speiche/Schienbein
hellblau	Elle/Wadenbein
grün	Handwurzelknochen/Fußwurzelknochen
hellgrün	Mittelhandknochen/Mittelfußknochen
gelb	Fingerknochen/Zehenknochen

b) Vergleiche das Skelett von Mensch und Hund.
Beide Skelette besitzen einen Schädel, der sich aus Hirnschädel und Gesichtsschädel zusammensetzt, wobei beim Menschen der Hirnschädel stärker ausgeprägt ist, beim Hund der Gesichtsschädel. Beide Skelette besitzen eine Wirbelsäule mit Brustkorb. Von der Wirbelsäule gehen am Schulter- und Beckengürtel jeweils zwei Gliedmaßen ab. Während beim Hund mit Ausnahme der Halswirbel die Wirbelsäule recht starr und an den vierbeinigen Gang angepasst ist, ist diese beim Menschen als Anpassung an den aufrechten Gang doppelt-S-förmig geschwungen und flexibler. Beim Hund ist die Wirbelsäule bis in die Schwanzspitze verlängert.
Die Schulterblätter beim Menschen sind eher nach hinten geneigt, während sie beim Hund nach vorne und unten gerichtet sind. Weiterhin ist der Beckengürtel des Menschen viel stärker ausgeprägt, da durch den aufrechten Gang die Gewichtsbelastung größer ist als beim Hund. Die Gliedmaßen sind bezüglich der Anzahl

und Form der Knochen ähnlich aufgebaut. Auffällig ist, dass der Hund nur mit den Zehen auftritt und dass seine Mittelfußknochen stärker ausgeprägt sind als beim Menschen. Beim Menschen hingegen sind die Hände, insbesondere die Fingerknochen, wesentlich flexibler als beim Hund.

4 Arm- und Handskelett
a) Benenne die Knochen des Arm- und Handskeletts anhand der Ziffern.
1 – Fingerknochen, 2 – Mittelhandknochen, 3 – Handwurzelknochen, 4 – Elle, 5 – Speiche, 6 – Oberarmknochen

Seite 48

METHODE Mit Modellen arbeiten

(1) Stelle die beiden Modelltypen samt ihrer Merkmale in einer Mindmap dar.
individuelle Lösung, Modelltypen: Anschauungsmodelle und Denkmodelle, Untergliederung der Anschauungsmodelle in Strukturmodelle und Funktionsmodelle sollte erfolgen sowie jeweils Nennugn der Merkmale, Nutzungsmöglichkeiten und biologische Beispiele

(2) Diskutiere Vor- und Nachteile der beiden Modelltypen.
Anschauungsmodelle können den Aufbau oder die Funktion von Körperorganen oder anderen komplizierten Objekten vereinfachen und dadurch leichter verständlich machen. Ein Nachteil ist, dass durch die Beschränkung auf wesentliche Bestandteile manchmal der Zusammenhang nicht erklärt werden kann.
Bei Denkmodellen stehen gedankliche Zusammenhänge im Mittelpunkt. Ziel ist auch hier, komplizierte Sachverhalte zu vereinfachen und dadurch verständlich zu machen. Ein Nachteil könnte sein, dass möglicherweise wesentliche Einzelheiten in der Erklärung nicht berücksichtigt werden.

(3) Vergleiche die Drahtmodelle aus dem Versuch mit der Wirbelsäule und beschreibe, welche Eigenschaften der Wirbelsäule durch die Modelle gut und welche weniger gut oder gar nicht veranschaulicht werden.
Die Modelle zeigen die Belastbarkeit der doppelt-S-förmigen Wirbelsäule. So bewirkt die doppelte S-Form eine relativ starke Belastbarkeit in der Längsachse und eine gute Federwirkung. Während sich die Gesamtform der Wirbelsäule durch das Modell gut darstellen lässt, zeigt es nicht den Aufbau der Wirbelsäule aus ähnlichen Wirbeln, die sich in den einzelnen Abschnitten der Wirbelsäule voneinander unterscheiden, Bandscheiben, Rückenmark und Nerven. Der Beitrag, den diese einzelnen Teile zur Belastbarkeit der Wirbelsäule leisten, kann deshalb nicht untersucht werden. Auch die Drehbarkeit der Wirbelsäule, die durch die Wirbel ermöglich wird, kann mithilfe dieses Modells nicht veranschaulicht werden.

(4) Erkläre, warum Material, Stärke und Länge der Drähte bei allen vier Modellen gleich sein müssen.
Um die Modelle vergleichen und bewerten zu können, müssen sie in ihren Grundstrukturen übereinstimmen. Mithilfe dieser Modelle soll untersucht werden, inwiefern die Form der Wirbelsäule ihre Belastbarkeit beeinflusst. In dem Versuch darf deshalb nur die Form des Drahtstücks verändert werden, Material, Stärke und Länge des Drahts müssen gleich bleiben.

Seite 49

PRAKTIKUM Wirbelsäule

1 Beweglichkeit der Wirbelsäule
a) Vergleiche das Modell mit einer Wirbelsäule und beschreibe, in welchen Teilen sich beide entsprechen.
Das Modell hat wie die Wirbelsäule die Form einer Säule und ist aus zwei unterschiedlichen, einander abwechselnden Bauelementen aufgebaut. Die Scheiben aus Wellpappe entsprechen dabei den Wirbelkörpern, die Schaumstoffscheiben den dazwischen liegenden Bandscheiben.

b) Biege das Modell in verschiedene Richtungen. Beschreibe deine Beobachtungen.
Das Modell ist in alle Richtungen gleichermaßen beweglich. Bei einseitigem Druck verringert sich die Dicke der Schaumstoffscheiben entsprechend dem Verhalten der Bandscheiben beim Beugen des Rumpfes. Auch die Federwirkung der Wirbelsäule und Pufferwirkung der Bandscheiben bei Stößen aus vertikaler Richtung lassen sich am Modell demonstrieren.

c) Erkläre, warum es sich bei dem Modell um ein Funktionsmodell handelt.

Das Modell zeigt, wie die Beweglichkeit der Wirbelsäule durch die einzelnen Bestandteile ermöglicht wird. Es verdeutlicht die Funktion der Wirbelsäule.

d) Nenne Eigenschaften und Einzelheiten der Wirbelsäule, die durch das Modell nicht veranschaulicht werden.

Die Drehbewegung, die Belastbarkeit der Wirbelsäule und die Federwirkung durch die doppelte S-Form werden durch dieses Modell nicht verdeutlicht.

2 Federwirkungen der Wirbelsäule

a) Beschreibe die Beobachtungen der beiden Modellversuche und formuliere, welche Erkenntnisse man durch sie gewinnt.

Beim Rütteln schwingt die Perle des geraden Drahtes viel stärker als die des doppelt-S-förmig gebogenen Drahts. Auch beim Schlagen des Bretts auf die Tischkante schwingt die Perle am geraden Draht stark hin und her, die andere Perle jedoch kaum. Die doppelte S-Form der Wirbelsäule bewirkt demnach eine Federung, die den Kopf (hier durch die Perle symbolisiert) vor Stößen schützt.

b) Vergleiche das Modell mit einer Wirbelsäule und beschreibe, in welchen Teilen sich beide entsprechen.

Der Draht stellt die Wirbelsäule dar, die Perle den Kopf. Das Modell zeigt damit die Tragfähigkeit der Wirbelsäule, die den Kopf aufrecht hält und ihre durch den beweglichen Draht symbolisierte Federwirkung.

c) Nenne Eigenschaften und Einzelheiten des Baus und der Funktion der Wirbelsäule, die das Modell nicht veranschaulicht.

Die Federwirkung der Bandscheibe wird nicht in Abhängigkeit von ihrer Belastung untersucht. Auch der Aufbau aus Bandscheiben und Wirbeln und die daraus resultierende Beweglichkeit werden durch dieses Modell nicht veranschaulicht.

Seite 50

① Vergleiche die in Abbildung 2 dargestellten Gelenktypen in einer Tabelle anhand der Merkmale: Form des Gelenkkopfes, Form der Gelenkpfanne, mögliche Bewegungsrichtungen. Tabelle s. unten

② Ermittle am Skelett aus der Schulsammlung je drei Beispiele zum Kugel- und Scharniergelenk.

Kugelgelenk: Schultergelenk, Hüftgelenk, Fingergrundgelenke (außer Daumen)

Scharniergelenk: Kniegelenk, Ellbogengelenk, Fingergelenke

③ Erkläre den Zusammenhang zwischen Struktur und Funktion am Beispiel der Gelenke.

Von der Struktur eines Gelenks hängt ab, in wie viele und in welche Richtungen es beweglich ist und welche Funktionen es somit erfüllen kann. Ein Drehgelenk etwa ist sehr stabil gebaut und erlaubt eine eingeschränkte Drehbewegung um die Achse. So ist es in der Lage, das Gewicht des Kopfes zu tragen und gleichzeitig dessen Drehung zu ermöglichen. Ein Kugelgelenk lässt sich beinahe in alle Richtungen drehen, was für die Beweglichkeit der Extremitäten wichtig ist. Der walzenförmige Kopf und die halbringförmige Gelenkpfanne des Scharniergelenks erlauben Bewegungen nach oben und unten, was für Knie und Ellenbogen wichtig ist.

Seite 51

① Setze dich auf eine Stuhlkante und beuge und strecke ein Bein. Erkläre, wie der vordere und hintere Oberschenkelmuskel dabei zusammenarbeiten und welche Knochen und Gelenke an der Bewegung beteiligt sind.

Beim Beugen und Strecken des Beins arbeiten der vordere und der hintere Oberschenkelmuskel als Gegenspieler zusammen: Wird das Bein gebeugt, zieht sich der hintere Oberschenkelmuskel aktiv

Tabelle zu Aufgabe 1, Seite 50:

Gelenktyp	Form des Gelenkkopfes	Form der Gelenkpfanne	Bewegungsrichtungen
Kugelgelenk	kugelförmig	kugelig ausgehöhlt	in alle Richtungen
Scharniergelenk	walzenförmig	Form einer Rinne	nach oben und unten

zusammen. Der vordere wir dabei passiv gedehnt. Um das Bein wieder zu strecken, muss sich der vordere Oberschenkelmuskel aktiv zusammenziehen, der hintere Muskel wird dabei passiv gedehnt. An der Bewegung sind der Oberschenkelknochen, an dem die Muskeln befestigt sind, das Kniegelenk mit der Kniescheibe sowie passiv Wadenbein und Schienbein beteiligt.

Seite 52

AUFGABEN Muskeln und Gelenke

---

1 Gelenktypen
a) Beschreibe den Aufbau von Drehgelenk und Sattelgelenk unter Verwendung der Fachbegriffe.
Der Gelenkkopf eines Drehgelenks steht fest auf einer Achse und kann nur entlang dieser Achse bewegt werden. Die Gelenkpfanne bildet einen Ring um den Gelenkkopf. Beim Sattelgelenk haben Gelenkkopf und Gelenkpfanne fast die gleiche Form: sie haben Ähnlichkeit mit einem Sattel. Gelenkkopf und Gelenkpfanne liegen versetzt aufeinander. Dadurch sind flexible Bewegungen nach vorn und hinten sowie zu den Seiten möglich.

b) Vergleiche Sattelgelenk, Drehgelenk, Kugelgelenk und Scharniergelenk in Form einer Tabelle. Berücksichtige dabei die Form des Gelenkkopfes, die Form der Gelenkpfanne und die möglichen Bewegungsrichtungen.
s. Tabelle unten

c) Halte den Mittelhandknochen deines linken Daumens mit dem Zeigefinger und Daumen der rechten Hand fest. Beuge den linken Daumen und erkläre, um welchen Gelenktyp es sich bei dem Gelenk zwischen Mittelhandknochen und dem unteren Fingerglied des Daumens handelt.
Wird der Mittelhandknochen festgehalten, kann der Daumen nur nach vorn und hinten bewegt werden. Es handelt sich daher um ein Scharniergelenk.

2 Armbewegungen im Modell
a) Vergleiche das Modell mit den Knochen und Muskeln des menschlichen Arms und beschreibe, in welchen Teilen sich Modell und Original entsprechen.
Die beiden Holzleisten des Modells stellen Ober- sowie Unterarmknochen dar. Wie diese Knochen dem Arm Stabilität geben, stabilisieren die Holzleisten das Modell. Die Luftballons stellen die Oberarmmuskeln Bizeps oder Beuger und Trizeps oder Strecker dar. Ist der Luftballon aufgepumpt, entspricht er einem kontrahierten Muskel, ist die Luft herausgelassen, stellt er einen entspannten Muskel dar. Der Nylonstrumpf entspricht der Muskelhaut, die die einzelnen Muskelfasern zusammen hält und sich beim Verkürzen des Muskels flexibel dehnt. Die Bindfäden entsprechen den Sehnen, die die Muskeln mit den Knochen verbinden und die Zugkraft weiterleiten. Die Schraubösen stellen die Verbindung zwischen Sehnen und Knochen dar. Das Scharnier im Modell entspricht dem Scharniergelenk im Ellenbogen, das Bewegungen nach oben und unten ermöglicht.

b) Beurteile, ob es sich um ein Strukturmodell oder Funktionsmodell handelt und begründe deine Entscheidung.
Anhand des Modells kann die Wirkung von verkürzten und gestreckten Muskeln im Oberarm und damit das Beugen und Strecken des Arms verdeutlicht werden. Deshalb handelt es sich bei diesem Modell um ein Funktionsmodell.

c) Erkläre mithilfe des Modells, wie Muskeln, Knochen und Gelenke beim Beugen und Strecken des Arms zusammenwirken.
Zieht sich der Bizeps zusammen (der rechte Luftballon wird aufgepustet), so spannt sich die Sehne (der Bindfaden) und der Unterarmknochen (die untere Holzleiste) wird angewinkelt. Diese Bewegung wird durch das Ellenbogengelenk (das Scharnier) ermöglicht. Dabei wird der Trizeps gedehnt (die Luft wird aus dem linkem Luftballon herausgelassen). Zieht

Gelenktyp	Form des Gelenkkopfes	Form der Gelenkpfanne	Bewegungsrichtungen
Sattelgelenk	Sattel	Sattel	vor und zurück, zu beiden Seiten
Drehgelenk	Stab/Achse	Ring	Rotationsbewegungen um die Achse
Kugelgelenk	Kugel	kugelförmig ausgehöhlt	in alle Richtungen
Scharniergelenk	Walze	Rinne	nach oben und unten

sich dagegen der Trizeps zusammen (der linke Luftballon wird aufgepustet), wird dessen Sehne (Bindfaden) gespannt und der Unterarmknochen (die Holzleiste) bewegt sich nach unten. Dabei wird der Bizeps gestreckt (die Luft wird aus dem rechten Luftballon herausgelassen).

d) Erkläre, warum die Oberarmmuskeln als Gegenspieler bezeichnet werden.
Ein Muskel kann sich aktiv nur verkürzen. Daher sind bei jeder Bewegung des Skeletts zwei Muskeln beteiligt, die im gegenseitigen Wechsel arbeiten. Indem sich der eine Muskel aktiv verkürzt, wird der andere passiv verlängert.
Beim Beugen und Strecken des Arms arbeiten Bizeps und Trizeps als Gegenspieler zusammen. Wird der Arm gebeugt, zieht sich der Bizeps aktiv zusammen. Der Trizeps wird dabei passiv gedehnt. Um den Arm wieder zu strecken, muss sich der Trizeps aktiv zusammenziehen, wobei der Bizeps passiv gedehnt wird.

e) Im Modell kann manches nur stark vereinfacht oder sogar falsch dargestellt werden. Prüfe das Modell im Hinblick auf den Ansatz der Muskulatur und die Anzahl der Knochen. Nimm dazu Seite 51 zuhilfe.
Der Bizeps ist beim Menschen über Sehnen mit der Speiche des Unterarms und mit dem Schulterblatt verbunden. Im Modell ist er mit den beiden Holzleisten verbunden, da kein Schulterblatt dargestellt ist. Ebenso sind die Ansatzstellen des Trizepses nicht naturgetreu wiedergegeben. Er ist mit dem Schulterblatt und der Elle verbunden. Elle und Speiche werden in dem Modell von einer einzigen Holzlatte dargestellt. Das Modell vereinfacht also stark.

Seite 53

(1) Begründe, warum zur Vorbeugung von Haltungsschäden empfohlen wird, sowohl die Rückenmuskeln als auch die Bauchmuskeln zu trainieren.
Rücken- und Bauchmuskeln sind Gegenspieler, die bei der Körperhaltung zusammenwirken. Das Trainieren der Rückenmuskulatur vermeidet die Ausbildung eines Rundrückens. Wird jedoch die Bauchmuskulatur nicht trainiert, kann es zu einem Hohlkreuz kommen, was die Wirbelsäule ebenfalls belastet.

(2) Häufiges Barfußgehen auf weichem Untergrund und Fußgymnastik können dazu beitragen, Plattfüße zu verhindern. Erkläre diese Aussage.
Plattfüße entstehen bei veränderter Gewichtsverteilung und damit verbundener Überlastung des Fußskeletts und seiner Sehnen und Muskeln. Bei starker Dauerbelastung werden die Bänder und Sehnen geschwächt. Barfußgehen auf weichem Untergrund und Fußgymnastik stärken Bänder und Sehnen und halten so das Fußgewölbe in Form.

Seite 54

AUFGABEN **Schädigungen von Wirbelsäule und Fußskelett**

1 Haltungsschäden
a) Erläutere unter Berücksichtigung der Abbildung, warum das Tragen von Rucksäcken im Vergleich zum Tragen von Umhängetaschen besser für die Körperhaltung ist.
Eine gerade Körperhaltung entlastet die Wirbelsäule und beugt Haltungsschäden vor. Beim Tragen eines Rucksacks ist das Gewicht gleichmäßig auf beide Körperhälften verteilt und die Haltung bleibt gerade. Beim Tragen einer Umhängetasche ist das Gewicht seitlich verlagert. Der Träger ist gezwungen, zum Ausgleich des Gewichts seine Haltung zu verändern, wodurch die Wirbelsäule seitlich abgeknickt wird. Bei Dauerbelastung kann dies zu Haltungsschäden führen.

2 Bandscheibenvorfall
a) Benenne die verschiedenen Strukturen im Ausschnitt der Wirbelsäule anhand der Ziffern.
1 – Querfortsatz
2 – Dornfortsatz
3 – Wirbelkörper
4 – Rückenmark
5 – Bandscheibe

b) Erkläre, welche Bedeutung die Bandscheiben für die Beweglichkeit der Wirbelsäule haben.
Ohne die Bandscheiben würden schon bei geringen Bewegungen die knöchernen Wirbelkörper aufeinanderstoßen. Die Bandscheiben aus Knorpel sind anders als die Wirbel nicht starr, sondern elastisch. Durch ihre Verformbarkeit erhöht sich die Beweglichkeit der Wirbelsäule.

c) Beschreibe anhand der Abbildung, was bei einem Bandscheibenvorfall passiert und erkläre, warum dadurch starke Schmerzen und sogar Lähmungen verursacht werden können.

Bei einem Bandscheibenvorfall tritt die Bandscheibe so weit zwischen den Wirbeln hervor, dass sie auf die Nerven des Rückenmarks drückt. Dadurch werden die Schmerzen oder sogar Lähmungen verursacht.

3 Gewölbe – Modellversuch

a) Beschreibe und begründe, welches Ergebnis du in dem Modellversuch erwartest.

Im linken Versuchsteil, bei dem das Papier flach auf den Büchern liegt, lastet das gesamte Gewicht des Sands in der Papiermitte. Deshalb wird sich das Papier schon bei einer kleinen Sandmenge nach unten durchbiegen und das Sandglas auf der Tischplatte zum Stehen kommen. Im rechten Versuchsteil, bei dem das Papier bogenförmig zwischen den Büchern eingespannt ist, verteilt sich das Gewicht des herunterrieselnden Sands auf die gesamte Papierfläche. Das Papier wird sich daher zunächst elastisch leicht nach untern biegen, die Tischplatte aber nicht berühren. Erst bei einer größeren Sandmenge als im Versuch mit dem flachen Papier wird das Papiergewölbe das Glas nicht mehr tragen können, sodass auch dieses Glas die Tischplatte berührt.

b) Vergleiche das Modell mit dem Aufbau und den Eigenschaften des menschlichen Fußgewölbes.

Das Modell besteht aus anderem Material und ist ganz anders aufgebaut als der menschliche Fuß. Das Modell ist so sehr vereinfacht, dass nur zwei Aspekte dargestellt werden: Ein Gewölbe kann stärker belastet werden als eine flache, nicht gewölbte Platte und die Wölbung federt beim Gehen und Springen Stöße und Erschütterungen ab.

4 Fußverformungen

Erkläre unter Berücksichtigung der Abbildung, warum das Tragen von Turnschuhen gesünder ist als das Tragen von Schuhen mit hohen Absätzen.

Durch den gewölbeartigen Bau der Füße wird das Körpergewicht gleichmäßig auf Fußballen und Ferse verteilt. Wie die Abbildung zeigt, wird der Fuß beim Tragen von Schuhen mit hohen Absätzen stark überstreckt, sodass fast das gesamte Körpergewicht auf den Fußballen und Zehen lastet. Dadurch wird das Fußskelett überlastet und bei schwachen Bändern und Dauerbelastung kann es zum Absinken des Fußes und zur Bildung eines Plattfußes kommen.

In Turnschuhen hingegen kann der ganze Fuß beim Gehen abrollen, sodass der auf den Füßen lastende Druck gleichmäßig verteilt und abgefedert werden kann.

5 Fußabdrücke

a) Beschreibe die Unterschiede zwischen den beiden abgebildeten Fußabdrücken.

Beim linken Fußabdruck ist die Fläche zwischen Ferse und Ballen nicht vollkommen ausgefüllt. Der Fuß berührt nur mit der Außenkante den Boden. Eine nach innen geneigte Kurve ist zwischen Ferse und Ballen erkennbar. Beim rechten Fuß ist zwischen Ballen und Ferse die gesamte Fläche ausgefüllt. Es existiert keine nach innen geneigte Kurve zwischen Ballen und Ferse.

b) Stelle Vermutungen an, worauf diese Unterschiede zurückzuführen sind.

Bei dem gesunden Fuß links wird durch den gewölbeartigen Bau das Gewicht auf Ballen und Ferse verteilt und kann gut abgefedert werden. Durch das Tragen hochhackiger Schuhe wird der Fuß nicht richtig belastet und dadurch werden die Muskeln geschwächt und es kann ein Plattfuß entstehen.

4 Ernährung, Verdauung, Atmung und Blutkreislauf

Seite 57

① Ermittle die Nährwertverteilung von drei verschiedenen Fruchtjogurts und vergleiche sie in einer Tabelle.
Individuelle Lösungen, Tabellenaufbau ähnlich der Tabelle in Abbildung 2 auf Seite 56 im Schülerband.

② Beschreibe anhand der Abbildung 3 die Bestandteile der Lebensmittel.
Hauptbestandteil der Lebensmittel sind die Nährstoffe. Diese gliedern sich in Fette, Eiweiße und Kohlenhydrate, wobei sich Letztere in Zucker und komplexer aufgebaute Kohlenhydrate aufspalten. Weitere Bestandteile von Lebensmitteln sind Wirkstoffe wie Vitamine und Mineralstoffe sowie Ballast-, Farb- und Aromastoffe. Neben all diesen Stoffen bestehen Lebensmittel auch zu einem großen Teil aus Wasser.

Seite 59

> **PRAKTIKUM Nachweis von Stärke, Trauben-
> zucker und Fett**

1 Nachweis von Stärke

a) Fertige ein Versuchsprotokoll an.
individuelle Lösung (Aufbau des Versuchsprotokolls siehe S. 58 im Schülerbuch)

b) Formuliere einen Merksatz zum Nachweis von Stärke.
Enthält eine Lösung Stärke, so färbt sie sich nach Zugabe einer Iod-Kaliumiodidlösung blau-violett bis schwarz.

2 Nachweis von Traubenzucker

a) Vergleiche die Farbe auf dem Teststreifen mit der Farbskala auf der Teststreifenpackung.
individuelle Lösungen, je nach Teststreifen-Marke

b) Fertige ein Versuchsprotokoll an.
individuelle Lösung

3 Nachweis von Fetten

a) Fertige ein Versuchsprotokoll an.
individuelle Lösung

b) Formuliere einen Merksatz zum Nachweis von Fetten auf.
Lebensmittel, die Fett enthalten, hinterlassen auf Papier einen Fettfleck, der das Papier im Gegenlicht durchsichtig erscheinen lässt.

4 Nachweis von Nährstoffen in Lebensmitteln

a) Schreibe zunächst die Versuchsfrage auf. Zum Beispiel: „Enthält Sojamilch Traubenzucker und Fett?"
individuelle Lösungen

b) Liste dann auf, welche Materialien du für den Nachweis benötigst und schreibe auf, wie du die Untersuchung durchführen willst. Beachte, dass du den Nachweis von Traubenzucker und Fetten nur mit flüssigen, aufgelösten oder fein zerriebenen Proben durchführen kannst.
Individuelle Lösungen. In der Liste sollten neben den Lebensmitteln, die getestet werden sollen, Glucoseteststreifen für den Traubenzuckernachweis, Glucose für die Positivkontrolle, Wasser für die Negativkontrolle, Iod-Kaliumiodid für den Stärkenachweis, Stärke für die Positivkontrolle, Lösch- oder Pergamentpapier für den Fettnachweis. Bechergläser, Spatel, Mess- und Tropfpipetten, Glasstäbe, Mörser und Pistill aufgeführt sein.

c) Führe deine geplante Untersuchung durch und protokolliere deine Beobachtungen.
individuelle Lösungen

d) Beantworte als Ergebnis deine Versuchsfrage.
individuelle Lösungen

e) Fasse in einer Tabelle zusammen, welche Nährstoffe du in welchen Lebensmitteln nachweisen konntest.
individuelle Lösungen

Seite 60

1 Begründe, warum Menschen auch beim Schlafen Energie benötigen.
Auch beim Schlafen muss die Körpertemperatur des Menschen konstant gehalten werden, wofür Energie erforderlich ist. Weiterhin arbeiten die meisten Organe während des Schlafens normal weiter, wofür sie ebenfalls Energie benötigen.

2 Ermittle mithilfe der Abbildung 2, wie viel Energie du verbrauchst, wenn du eine Stunde schwimmst, Fußball spielst oder Rad fährst.
Individuelle Lösungen., um ihren Energieverbrauch bei diesen Sportarten pro Stunde zu berechnen, müssen die Schülerinnen und Schüler ihr Körpergewicht mit den in der Abbildung angegebenen Werten für den Energieverbrauch pro Kilogramm Körpergewicht und Stunde multiplizieren. Beim Radfahren verbrauchen sie am wenigsten Energie, darauf folgt Fußball und am meisten Energie wird beim Schwimmen verbraucht.

3 Stelle unter Verwendung der Abbildung 3 ein Menü zusammen, das dich für die sportlichen Aktivitäten aus Abbildung 2 ausreichend mit Energie versorgt.
Beispiellösung mit gerundeten Werten:
Ein Schüler mit 40 kg Körpergewicht verbraucht beim Fußballspielen in 60 Minuten 1800 kJ.
1 Brötchen 50 g (490 kJ)
1 Schüssel Cornflakes 50 g (745 kJ)
1 Apfel 150 g (330 kJ)
1 Joghurt 100 g (245 kJ)
1 Becher Vollmilch 150 g (400 kJ)

Energiegehalt des Menüs: 2210 kJ
Das Menü versorgt ihn ausreichend mit Energie.

Seite 61

(1) Schreibe zunächst alle Lebensmittel auf, die du gestern gegessen hast. Überprüfe dann mithilfe der Ernährungspyramide, ob du dich ausgewogen ernährt hast.
Individuelle Lösungen, eine ausgewogene Ernährung liegt dann vor, wenn aus allen acht Gruppen der Nahrungspyramide Nahrung in Mengen entsprechend der Größe der jeweiligen Felder in der Abbildung aufgenommen wurde.

(2) Begründe, ob man Über- oder Untergewicht bekommen kann, wenn man bei seiner Ernährung die Ernährungspyramide berücksichtigt.
Berücksichtigt man bei seiner Ernährung die Ernährungspyramide, nimmt man alle lebensnotwendigen Stoffe im richtigen Verhältnis zueinander auf. Berücksichtigt man dabei auch das natürliche Sättigungsgefühl, sollte nicht nur das Verhältnis der lebensnotwendigen Stoffe, sondern auch ihre Menge stimmen.
Über- und Untergewicht kann in seltenen Ausnahmefällen auch bei Berücksichtigung der Ernährungspyramide auftreten, wenn man zwar die Nahrungsmittel im richtigen Verhältnis, aber in zu großer beziehungsweise zu kleiner Menge zu sich nimmt.

(3) Bewerte das auf Seite 60 in Aufgabe 3 geplante Menü unter dem Gesichtspunkt der Ausgewogenheit.
Beispiellösung mit Bezug auf Lösung Aufgabe 3 Seite 60:
Bei einer ausgewogenen Ernährung muss der Mensch so viel Energie aufnehmen, wie er verbraucht. In der Nahrung müssen alle lebensnotwendigen Stoffe in ausreichender Menge und im richtigen Verhältnis enthalten sein.
In dem Menü müssen mehr Getränke, vor allem Wasser enthalten sein. Dies ist besonders beim Sport wichtig. Gemüse und Obst sind etwas zu wenig enthalten. Getreideprodukte und Kartoffeln sind ausreichend ebenso Milch und Milchprodukte und Fette und Öle. Süßigkeiten sind nicht notwendig.
Zu einer gesunden Ernährung gehören ausreichend Vitamine und Ballaststoffe. Dies ist hier der Fall.

Seite 63

METHODE **Diagramme erstellen und auswerten**

(1) Liste die Bestandteile deines heutigen Frühstücks auf. Schätze die jeweilige Menge.
individuelle Lösung

(2) Recherchiere für jedes dieser Nahrungsmittel den Energiegehalt pro 100 g und berechne daraus den Energiegehalt deines Frühstücks
individuelle Lösung

(3) Stelle in einer Tabelle die Bestandteile deines Frühstücks und ihren jeweiligen Energiegehalt zusammen.
individuelle Lösung

(4) Stelle die Daten dieser Tabelle in einem geeigneten Diagramm dar.
individuelle Lösung

(5) Überprüfe die Zusammenstellung deines Frühstücks unter dem Gesichtspunkt einer ausgewogenen Ernährung.
individuelle Lösung

AUFGABEN **Ernährung des Menschen**

1 Verschiedene Burger
a) Betrachte die beiden Burger und vergleiche ihre Zusammensetzung in Bezug auf ihre Bedeutung für eine ausgewogene Ernährung.
Burger A enthält zu viel Fett und Eiweiß. Der Anteil an Kohlenhydraten ist zu gering. Es sind nur wenige Ballaststoffe vorhanden.
In Burger B sind viele Kohlenhydrate, wenig Eiweiß und besonders wenig Fett vorhanden. Besonders hoch ist der Anteil an Obst und Gemüse.

b) Begründe, welcher der beiden Burger der „gesündere" Burger ist.
Legt man die Ernährungspyramide zugrunde, muss Burger B als der „gesündere Burger" bezeichnet werden. Eine ausgewogene Ernährung sollte zu mindestens 50 % aus Obst, Gemüse, Getreideprodukten und Kartoffeln bestehen. Fisch, Fleisch, Wurst und Eier sollen nach der Ernährungspyramide einen wesentlich geringeren Anteil bilden. Noch geringer sollte schließ-

lich der Anteil an Fetten und Ölen sein.
Burger B erfüllt diese Anforderungen, nicht jedoch Burger A. Der Anteil an Obst und Gemüse ist bei Burger B ausreichend, sodass auch die Vitaminversorgung gesichert ist.

c) Ermittle, wie häufig deine Mitschülerinnen und Mitschüler in den letzten zwei Wochen Hamburger gegessen haben. Stelle das Ergebnis als Säulendiagramm dar. Diskutiere das Ergebnis.
individuelle Lösung

Seite 64
---

2 Leistungsfähigkeit eines Menschen im Tagesverlauf

a) Beschreibe die unterschiedliche Leistungsfähigkeit eines Menschen im Verlauf des Tages anhand der Abbildung.
Die Leistungsfähigkeit eines Menschen ist gegen 3.00 Uhr morgens am niedrigsten. Danach steigt sie konstant an, bis zwischen 10.00 und 11.00 Uhr ein Maximum erreicht wird. Anschließend sinkt sie bis 15.00 Uhr leicht ab und steigt danach wieder. Das zweite Tageshoch wird um etwa 20.00 Uhr erreicht, woraufhin die Leistungsfähigkeit bis 3.00 Uhr morgens konstant abfällt.

b) Erkläre seine unterschiedliche Leistungsfähigkeit bei drei beziehungsweise fünf Mahlzeiten.
Die Form der Kurve für die Leistungsfähigkeit eines Menschen im Tagesverlauf ist annähern unabhängig davon, ob drei beziehungsweise fünf Mahlzeiten am Tag eingenommen werden: In beiden Fällen liegt das Tief um 3.00 Uhr morgens und es gibt gegen 10.00 Uhr und gegen 20.00 Uhr jeweils ein Leistungshoch. Allerdings liegt die Leistungsfähigkeit bei einem Menschen, der fünf Mahlzeiten über den Tag verteilt zu sich nimmt, durchweg über der eines Menschen, der nur dreimal täglich isst. Zudem fällt die Leistungsfähigkeit zwischen den beiden Leistungshochs weniger stark ab, wenn man fünf Mahlzeiten statt drei zu sich nimmt.
Nahrung liefert dem Körper Energie, die dieser benötigt, um den ganzen Tag über leistungsfähig zu sein. Bei drei großen Mahlzeiten sind die Pausenzeiten dazwischen sehr lang, wodurch der Energielevel stärker schwankt. Hinzu kommt, dass der Magen für die Verdauung großer Mahlzeiten dem Körper viel Blut entzieht. Dadurch wird das Gehirn weniger gut mit Sauerstoff versorgt, sodass die Leistungsfähigkeit di-

rekt nach den Mahlzeiten absinkt. Fünf kleine Mahlzeiten halten den Energielevel über den Tag hinweg konstanter und nach den Mahlzeiten wird weniger Energie für die Verdauung benötigt. Dadurch ist die Leistungsfähigkeit gegenüber der Leistungsfähigkeit bei drei Mahlzeiten am Tag höher und gleichmäßiger.

c) Begründe, warum Pausenbrote wichtig sind.
Wie die Abbildung zeigt, sinkt die Leistungsfähigkeit zwischen den Leistungshochs am Vormittag und am Abend weniger stark ab, wenn Zwischenmahlzeiten eingenommen werden. Pausenbrote stellen kleine Zwischenmahlzeiten dar und helfen deshalb, die Leistungsfähigkeit über den Tag hinweg konstant zu halten.

d) Ohne Frühstück zur Schule? Nimm Stellung zu dieser Frage.
Das Frühstück bildet die erste Mahlzeit des Tages und ist demnach wichtig für die Leistungsfähigkeit. Ohne Frühstück ist der Schüler weniger aufnahmefähig.

3 Vom Nahrungseiweiß zum Körpereiweiß

a) Beschreibe anhand des dargestellten Modells, wie Milcheiweiß aufgebaut ist und wie es sich von Sojaeiweiß unterscheidet.
Milcheinweiß ist aus verschiedenen aneinandergereihten kleinsten Bausteinen aufgebaut, die im Modell als verschiedenfarbige Dreiecken dargestellt sind. Sojaeiweiß unterscheidet sich vom Milcheiweiß in der Reihenfolge und der Anzahl dieser Bausteine. Teilweise sind die Bausteine mit denen im Milcheiweiß identisch, zum Teil unterscheiden sie sich aber auch leicht.

b) Erkläre mithilfe des Modells, wie aus Nahrungseiweiß körpereigenes Eiweiß aufgebaut wird.
Das Nahrungseiweiß wird zunächst in seine kleinsten Bausteine zerlegt. Diese werden beim Aufbau von körpereigenem Eiweiß neu miteinander verknüpft, wobei sich sowohl ihre Anzahl als auch ihre Reihenfolge von der im Nahrungseiweiß unterscheidet.

c) Erkläre, was man unter einem Modell versteht, und gib an, welche Schritte vom Nahrungseiweiß zum Körpereiweiß durch das Modell gut und welche weniger gut veranschaulicht werden. Nimm Seite 48 zuhilfe.
Ein Modell ist die vereinfachte, oft im Maßstab veränderte Darstellung eines Objektes oder Ablaufs. Das dargestellte Modell veranschaulicht gut die Zerlegung der Nahrungseiweiße in ihre kleinsten Bausteine und

deren anschließende neue Zusammensetzung zu Körpereiweißen. Es zeigt jedoch nicht, wo die jeweiligen Prozesse ablaufen und welche anderen Stoffe daran beteiligt sind.

4 Energieverbrauch einzelner Organe

a) Beschreibe die Abbildung und erläutere sie.
Das Balkendiagramm zeigt auf der x-Achse den Anteil des Energieverbrauchs einzelner Organe des Menschen vom Gesamtverbrauch in Prozent. Die Summe aller Anteile beträgt 100. Die y-Achse ist ohne Zahlenangaben. Hier sind die Anteile von Herz, Skelettmuskeln, Gehirn, Verdauungstrakt und dem Rest der Organe als Balken übereinander dargestellt.

b) Nach der Nahrungsaufnahme verändern sich die Anteile des Energieverbrauchs der einzelnen Organe. Stelle dazu Vermutungen auf.
Je nach Aktivität verbrauchen die einzelnen Organe unterschiedliche Mengen an Energie. Nach der Nahrungsaufnahme nimmt der Anteil des Verdauungstraktes am Energieverbrauch zu. Dementsprechend sinken dann die Anteile der übrigen Organe.

c) „Ein voller Bauch studiert nicht gern." Erkläre das Sprichwort.
Besonders auffällig ist nach einer Nahrungsaufnahme der Leistungsabfall des Gehirns.
Der Verdauungstrakt benötigt nun eine höhere Energiemenge, um den Abbau der Nahrung durchführen zu können. Diese Energie steht dann den anderen Organen nicht mehr zur Verfügung. Das Gehirn kann dann nicht mehr mit voller Leistung arbeiten.

d) „Viele kleine Mahlzeiten sind besser als wenige große Mahlzeiten am Tag." Begründe dies.
Wenige große Mahlzeiten am Tag belasten den Organismus durch den wechselnden Energieverbrauch der Organe. Dadurch sinkt die Leistungsfähigkeit insgesamt. Bei mehreren kleinen Mahlzeiten ist die Leistungsfähigkeit größer, da auch regelmäßiger durch die Nahrung Energie zugeführt wird.

Seite 65

5 Forschen und Erkennen: Skorbut – eine unheimliche Krankheit

a) Nenne die Hypothesen, welche James Lind durch seinen Versuch überprüfen wollte.
Die Ursache liegt in der Ernährung der Seefahrer.
Die Krankheit lässt sich durch ein bestimmtes Mittel bekämpfen.

b) Formuliere die Erkenntnis, die er durch seinen Versuch gewann.
Orangen und Zitronen können die Krankheit heilen und verhindern.

c) Erkläre seine Versuchsbeobachtungen mit dem heutigen Wissensstand.
Um das Bindegewebe zu festigen brauchen Menschen Vitamin C. Mit ihm wird Kollagen gebildet. Zitrusfrüchte enthalten große Mengen an Vitamin C. In der üblichen Schiffskost ist es nicht enthalten.

d) Begründe, warum heutzutage kein Matrose mehr an Skorbut erkrankt.
Skorbut kann durch die Aufnahme von Vitamin C verhindert werden. Seit das bekannt ist, können die Seeleute durch entsprechende Ernährung der Krankheit vorbeugen. Außerdem sind sie heute, Dank der modernen Schifffahrt, nicht mehr wochenlang von der Versorgung mit frischem Obst und Gemüse abgeschnitten. Moderne Konservierungsmethoden zerstören die Vitamin nur in geringem Maße und bestimmten Nahrungsmitteln ist Vitamin C als Konservierungsstoff zugesetzt.

Seite 67

(1) Benenne die einzelnen Stationen der Verdauung und ihre Aufgaben. Lege dazu eine Tabelle an.

Station der Verdauung	Aufgabe
Mund	• mechanische Zerkleinerung der Nahrung • Einspeicheln der Nahrung • Spaltung der Stärke in Zucker durch Wirkstoffe
Speiseröhre	• Transport des Speisebreis in den Magen
Magen	• Vermischung des Nahrungsbreis mit Magensaft durch Muskelbewegungen • Abtötung von Krankheitserregern und Eiweißgerinnung durch im Magensaft enthaltene Säure • Spaltung der Eiweiße in ihre Bausteine mithilfe von Wirkstoffen
Dünndarm	• Kohlenhydrate und Eiweiße werden durch verschiedene Wirkstoffe endgültig in ihre Bausteine zerlegt • Zerteilung des Fetts in kleine Tröpfchen mithilfe der Gallenflüssigkeit und anschließende Aufspaltung in kleinste Bausteine durch fettspaltende Wirkstoffe • Aufnahme der kleinsten Nährstoffbausteine ins Blut
Dickdarm	• Entzug von Wasser und Mineralstoffen aus den unverdaulichen Nahrungsresten
Enddarm/After	• Sammlung und Ausscheidung der unverdaulichen Nahrungsreste

(2) Beschreibe die Wirkung der Verdauungswirkstoffe anhand der Abbildung 2.

Mit der Nahrung, beispielsweise einer Pizza, werden Nährstoffe aufgenommen. Zu diesen gehören Kohlenhydrate und Eiweiße, die aus vielen aneinander gereihten Bausteinen bestehen. Nur diese kleinsten Bausteine können am Ende des Verdauungsvorgangs im Dünndarm die Darmwand passieren und ins Blut aufgenommen werden. Die Spaltung der Nährstoffe in ihre kleinsten Bausteine erfolgt mithilfe von Wirkstoffen. Bei der Verdauung wirken verschiedene Wirkstoffe mit, die

unterschiedlich aufgebaut sind. Ihre Struktur ist jeweils an die Struktur des Nährstoffes, den sie spalten, angepasst, sodass am Kohlenhydratabbau andere Wirkstoffe beteiligt sind als am Abbau von Eiweiß. Gemeinsam ist den Verdauungswirkstoffen, dass sie die Bindungen zwischen den einzelnen kleinsten Bausteinen der Nährstoffe spalten.

Seite 68

AUFGABEN Verdauung

1 Wirkung von Wirkstoffen

a) Beschreibe die Wirkungsweise der Wirkstoffe beim Stärkeabbau anhand der Abbildung.

Stärke besteht aus einer langen Kette gleichartiger Zuckerbausteine. Bei der Stärkeverdauung erfolgt die Zerlegung in die einzelnen Zuckerbausteine. Sie läuft in zwei Schritten ab. Für jeden Schritt liegt ein passender Wirkstoff vor. Zunächst spaltet ein Wirkstoff die Zuckerkette in Doppelzucker. Im zweiten Schritt werden diese Doppelzucker durch einen weiteren Wirkstoff in Einzelzucker gespalten.

b) Begründe, warum Nährstoffe wie Stärke im Verlauf der Verdauung in ihre Bausteine zerlegt werden müssen.

Die Nährstoffe müssen im Verlauf der Verdauung zerlegt werden, weil nur ihre kleinsten Bausteine über die Darmzotten ins Blut aufgenommen werden können. Größere Bausteine können die Darmwand nicht passieren.

2 Giraffen trinken Wasser gegen die Schwerkraft

a) Beschreibe mithilfe des Modells zum Schluckvorgang, wie Stoffe durch die Speiseröhre transportiert werden.

Das Modell zum Schluckvorgang zeigt einen Schlauch mit Ausbuchtungen, die beispielsweise durch einen Ball verursacht werden. Durch die Zusammenarbeit der Hände mehrerer Personen wird der Ball durch den Schlauch transportiert, indem jeweils die Person, deren Hand hinter dem Ball liegt, diese Hand zusammendrückt. Dadurch wird der Ball vorwärtsgeschoben. Der Vorgang wird wiederholt, bis der Ball den Schlauch passiert hat.

Der Schlauch stellt die Speiseröhre dar, und der Ball einen Bissen Nahrung. Ähnlich wie der Ball im Modell durch den Schlauch wird die Nahrung beim Schlucken durch die Speiseröhre transportiert. Die Speiseröhre ist ein muskulöser Schlauch, der sich beim Schlucken wellen-förmig zusammenzieht, was im Modell durch das nacheinander folgende Schließen der Hände symbolisiert wird. Dadurch wird die Nahrung abschnittsweise weitertransportiert.

b) Erkläre, warum Giraffen Wasser auch gegen die Schwerkraft trinken können.
Giraffen können gegen die Schwerkraft trinken, weil das Wasser durch die Muskelbewegung der Speiseröhre in den Magen gedrückt wird. Ein Zurückfließen ist nicht möglich, da die Muskelbewegungen wellenförmig fortlaufen und das Wasser dadurch stets in eine Richtung drücken.

3 Verschlucken oder „Etwas in den falschen Hals bekommen"
a) Beschreibe mithilfe der Abbildungen den Weg der Nahrung und der Atemluft beim Schlucken und beim Atmen.
Beim Schlucken wird der Nahrungsbrei mit der Zunge Richtung Rachen gedrückt. Das löst reflexartig ein Verschließen der Luftröhre durch den Kehldeckel aus, sodass der Nahrungsbrei nicht in die Luft- sondern nur in die Speiseröhre rutschen kann. Beim Atmen sind Luft- und Speiseröhre offen, die Luft wird durch die Atembewegung in die Luftröhre gesogen.

b) Unter „Verschlucken" versteht man, dass jemand beim Schlucken Nahrung in die Luftröhre bekommt. Erkläre, warum das oft bei hastigem Essen oder dann vorkommt, wenn jemand gleichzeitig isst und spricht.
Beim Schlucken wird die Luftröhre reflexartig durch den Kehldeckel verschlossen. Beim Sprechen und Atmen hingegen ist der Kehldeckel geöffnet. Atmen und Schlucken können daher nicht gleichzeitig ablaufen. Beim gleichzeitigen Essen und Sprechen müssen sie jedoch ebenso wie beim hastigen Essen sehr schnell hintereinander erfolgen, weshalb es zu Fehlern bei den einzelnen Abläufen kommen kann. Dabei kann es passieren, dass der Kehldeckel die Luftröhre beim Schlucken nicht richtig verschließt, sodass ein Teil der Nahrung in die Luftröhre gelangt.

4 Gemeinsamkeiten von Wischmopp und Dünndarm
a) Erkläre, warum ein Wischmopp schnell viel Wasser aufnehmen kann.
Der Wischmopp besteht aus vielen Fasern. Dadurch hat er eine große Oberfläche, mit der rasch Wasser aufgenommen werden kann.

b) Nenne Gemeinsamkeiten zwischen Wischmopp und Dünndarm.
Genauso wie die Fasern die Oberfläche des Wischmopps vergrößern, vergrößern beim Dünndarm Falten und Zotten die innere Oberfläche. Mithilfe des Wischmopps können so große Wassermengen schnell aufgenommen werden, über den Dünndarm entsprechend große Mengen kleinster Nährstoffbausteine.

Seite 69

1 Ein großer Würfel (Kantenlänge von 4 cm) wird in drei Ebenen unterteilt. Berechne die Anzahl der entstandenen kleinen Würfel, die Oberfläche eines dieser kleinen Würfel und die Gesamtoberfläche aller kleinen Würfel. Vergleiche die errechnete Gesamtoberfläche mit der Oberfläche des nicht unterteilten Würfels.

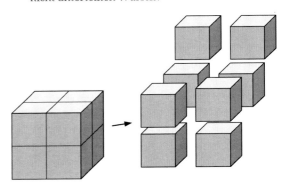

Es entstehen acht kleine Würfel mit einer Kantenlänge von 2 cm.
Oberfläche eines kleinen Würfels:
$A = 6 \times 2^2$ $A = 24$ cm^2
Gesamtoberfläche der kleinen Würfel:
$24 \times 8 = 192$ cm2
Oberfläche des nicht unterteilten Würfels:
$A = 6 \times 4^2$ $A = 96$ cm2
Die Berechnung bestätigt die Oberflächenvergrößerung als Folge der Teilung eines Objekts.

Seite 70

PRAKTIKUM Verdauung

1 Welche Waschmittel enthalten eiweißspaltende Verdauungswirkstoffe?

a) Beschreibe und erkläre die Beobachtungen. Berücksichtige dabei die Informationen zur Gelatine und zu den Waschmitteln.

Im vierten Becherglas, das kein Waschmittel enthält, geliert das Wasser. Auch in einigen Bechergläsern, in denen dem Wasser Waschmittel beigefügt wurde, ist dies der Fall, während in anderen Bechergläsern das Wasser trotz der Zugabe von Sofort-Gelatine flüssig bleibt.

In den Bechergläsern, in denen das Wasser geliert ist, haben die tierischen Eiweiße, aus denen die Gelatine besteht, ein Netz gebildet, das das Wasser einschließt. Dieser Gelierprozess kann nur ablaufen, wenn im Waschmittel keine eiweißspaltenden Wirkstoffe enthalten sind. In den Gläsern, in denen das Wasser flüssig bleibt, enthält das zugegebene Waschmittel jedoch eiweißspaltende Wirkstoffe. Durch sie werden die in der Gelatine enthaltenen Eiweiße gespalten, sodass sie kein Netz mehr ausbilden können und das Wasser deshalb flüssig bleibt.

b) Plane einen Versuch, der nachweist, welche Waschmittel kohlenhydratspaltende Wirkstoffe enthalten. Zur Verfügung stehen dir gekochte Kartoffeln, Brot, Stärkemehl, Vollwaschmittel, Feinwaschmittel, Wollwaschmittel, Wasser und Jod-Kaliumiodidlösung.

Um nachzuweisen, ob Waschmittel kohlenhydratspaltende Wirkstoffe enthalten, setzt man wässrige Lösungen an, die jeweils Stärke enthalten. Am einfachsten verrührt man dazu in Bechergläsern jeweils ein wenig Stärkemehl in Wasser. Möchte man zur Herstellung der stärkehaltigen Lösungen gekochte Kartoffeln beziehungsweise Brot verwenden, müssen diese möglichst stark zerkleinert in Wasser gegeben werden.

Stärke kann mit Hilfe von Iod-Kaliumiodidlösung nachgewiesen werden (vgl. Schülerband Seite 59). Gibt man einige Tropfen dieser Lösung zu den Ansätzen, färbt sich die Flüssigkeit in den Gläsern blau. Anschließend wird jeweils einem Ansatz etwa 1 ml einer Waschmittelprobe zugegeben. Enthält das Waschmittel kohlenhydratspaltende Wirkstoffe, wird die Stärke in der Lösung abgebaut und die Blaufärbung der Lösung verschwindet. Enthält das Waschmittel keine kohlenhydratspaltenden Wirkstoffe, bleibt die Stärke unverändert und die Blaufärbung damit bestehen.

2 Versuche mit Götterspeise

a) Beschreibe und deute die Beobachtungen. Berücksichtige dabei die Informationen zur Gelatine. Individuelle Lösungen, abhängig von den untersuchten Obstsorten.

Anmerkung: Einige Früchte, vor allem Tropenfrüchte wie beispielsweise Kiwi und Ananas, enthalten eiweißspaltende Wirkstoffe. Sie spalten die in der Gelatine enthaltenen Eiweiße. Dadurch wird das Netz, das diese Eiweiße beim Gelieren der Götterspeise gebildet haben, zerstört und das in den Maschen des Netzes gebundene Wasser wieder frei, sodass die Götterspeise flüssig wird. Andere Früchte wie beispielsweise Äpfel enthalten keine eiweißspaltenden Wirkstoffe. In diesen Ansätzen wird die Gelatine nicht abgebaut und die Götterspeise bleibt fest.

b) Gib an, welche Versuchsfragen mit diesem Versuch geklärt werden sollen. Individuelle Lösungen, unter anderem können mit diesem Versuch Fragen wie „Enthalten Äpfel (Birnen, Kiwis...) eiweißspaltende Wirkstoffe?" geklärt werden.

3 Wie viel Wasser saugen Leinen- und Frotteetücher auf?

a) Beschreibe die Oberfläche von Frottee und vergleiche sie mit der Oberfläche des Dünndarms. Frottee besteht aus vielen kleinen Garnschlingen, die auf dem Tuch verankert sind. Die Oberfläche wird dadurch stark vergrößert. Auch der Dünndarm weist Falten und Zotten auf, die ähnlich wie die Schlingen des Frottees die Oberfläche vergrößern.

b) Beschreibe und erkläre die Beobachtungen. Die Restmenge an Wasser ist in der Schale, in die das Frotteetuch getaucht wurde, deutlich kleiner als in der Schale, in die das Leinentuch getaucht wurde. Das Frotteetuch kann aufgrund der durch Schlingen vergrößerten Oberfläche eine größere Wassermenge aufnehmen und festhalten als das Leinentuch mit der glatten und deshalb kleineren Oberfläche.

c) Prüfe, ob dieser Modellversuch das Prinzip der Oberflächenvergrößerung veranschaulichen kann. Durch diesen Modellversuch lässt sich das Prinzip der Oberflächenvergrößerung gut darstellen. Er zeigt, dass das Frotteetuch durch die vergrößerte Oberfläche mehr Wasser aufnehmen kann als ein gleich großes Leinentuch mit glatter Oberfläche. Diese Beobachtung lässt sich auf die Nährstoffaufnahme im Dünndarm übertragen: Durch die durch Falten und Ausstülpungen vergrößerte Oberfläche des Dünndarms können Nährstoffe schnell ins Blut aufgenommen werden. Der Versuch eignet sich daher, diesen Vorgang modellhaft zu zeigen und das Prinzip zu verdeutlichen.

Seite 72

① Beschreibe den Weg der Atemluft mithilfe der Abbildung 4.

Beim Einatmen gelangt die Luft über die Nasenhöhle und/oder den Mundraum in den Rachenraum und von dort über den Kehlkopf, die Luftröhre und die sich immer weiter verästelnden Bronchien zu den Lungenbläschen. Die Lungenbläschen sind von Kapillaren umgeben. Der Sauerstoff aus der Einatemluft gelangt über die Lungenbläschen und die Wand der Kapillaren in das Blut. Auf umgekehrtem Wege gelangt Kohlenstoffdioxid aus dem Blut über die Wand der Kapillaren in die Lungenbläschen. Die Ausatemluft, die nun weniger Sauerstoff und mehr Kohlenstoffdioxid als die Einatemluft enthält, strömt aus den Lungenbläschen durch die Bronchien, die Luftröhre, den Kehlkopf, Rachen und die Nasenhöhle beziehungsweise den Mundraum wieder aus dem Körper heraus.

② Vergleiche Brust- und Bauchatmung in tabellarischer Form.

	Brustatmung	Bauchatmung
Einsatz	bei großer körperlicher Anstrengung	bei geringer körperlicher Anstrengung
wichtige beteiligte Strukturen	Zwischenrippenmuskeln, Rippen	Zwerchfell
Vergrößerung des Lungenvolumens beim Einatmen durch	Zusammenziehen der Zwischenrippenmuskeln, wodurch die Rippen angehoben werden	Zusammenziehen des Zwerchfells wodurch dieses sich nach unten senkt und Brustraum und Lunge sich vergrößern

③ Erkläre das Prinzip der Oberflächenvergrößerung am Beispiel der Lunge.

Die Lunge dient dem Gasaustausch. Damit möglichst viel Gas (Sauerstoff und Kohlenstoffdioxid) ausgetauscht werden kann, muss die Fläche, über die der Austausch erfolgt, möglichst groß sein.

In der Lunge vergrößern die Lungenbläschen diese Austauschfläche. Beide Lungenflügel enthalten zusammen etwa 300 Millionen Lungenbläschen. Deren gesamte Oberfläche beträgt rund 100 Quadratmeter. Das ist ungefähr fünfzigmal so groß wie die Oberfläche des menschlichen Körpers.

Seite 73

AUFGABEN Atmung

1 Modell zur Bauchatmung

a) Ordne den Bestandteilen des Modells die entsprechenden Strukturen des Brustkorbs zu, die an der Bauchatmung beteiligt sind.

Glasgefäß: Brustkorb
Verzweigtes Glasrohr: Luftröhre und Bronchien
Luftballons: Lungenflügel
Gummihaut: Zwerchfell

b) Erkläre mithilfe des Modells die Bauchatmung.

Zieht man unten an der Gummihaut, verändert sich der Luftdruck im Glasgefäß. Er wird geringer, und Luft strömt durch das Glasrohr in die Luftballons, die sich dadurch aufblähen. Lässt man unten die Gummihaut wieder los, entströmt die Luft aus den kleinen Luftballons wieder durch das Glasrohr. So funktioniert auch die Atmung: Wenn man einatmet, zieht sich das Zwerchfell zusammen. Dann strömt durch den entstandenen Unterdruck automatisch Luft durch die Luftröhre in die Lunge. Entspannt sich das Zwerchfell, drückt es die Luft wieder hinaus.

c) Prüfe, ob das Modell die Bauchatmung gut veranschaulicht und erkläre, wo es Abweichungen gibt.

Grundsätzlich veranschaulicht das Modell die prinzipiellen Vorgänge der Atmung gut. Es wird deutlich, dass durch das Erzeugen eines Unterdrucks die Luft in die Lunge strömt, wobei sich die Lunge passiv verhält. Bei diesem Modell wird die Stellung des Zwerchfells in Entspannung und Anspannung aber nicht ersichtlich. Hier gibt es eine deutliche Abweichung zum Original.

2 Modell zur Brustatmung

a) Ordne den Bestandteilen des Modells die entsprechenden Strukturen des Brustkorbs zu, die an der Brustatmung beteiligt sind.

Holzlatten: Wirbelsäule/Brustbein
Holzstab: Rippen
Gummiband: Zwischenrippenmuskeln

b) Erkläre mithilfe des Modells die Brustatmung.
Beim Heben der Holzstäbe werden die Gummibänder kürzer (Zwischenrippenmuskeln verkürzen sich). Der Brustraum vergrößert sich und die Luft strömt in die Lunge. Beim Senken der Holzstäbe werden die Gummibänder länger (Zwischenrippenmuskeln erschlaffen). Der Brustraum verkleinert sich und die Luft wird aus der Lunge herausgedrückt.

c) Prüfe, ob das Modell die Brustatmung gut veranschaulicht und erkläre, wo Abweichungen vorliegen.
Die Vorgänge bei der Brustatmung werden prinzipiell gut dargestellt. Durch Anheben des Brustkorbs vergrößert sich der Brustraum, sodass die Luft einströmen kann. Das Modell ist in seinen Details jedoch unvollständig. Es werden nicht alle Rippen dargestellt. Die Arbeitsweise der Muskeln wird nicht deutlich. Ziel des Modells ist es, wesentliche Vorgänge zu veranschaulichen. Die komplexen Abläufe werden reduziert dargestellt.

3 Oberflächenvergrößerung in Versuchen

Versuch A:
a) Beschreibe die Durchführung von Versuch A.
Im Versuch A wird ein Sand-Wasser Gemisch filtriert. Es werden zwei Filter eingesetzt. Ein Rundfilter und ein Faltenfilter. Dabei wird die Zeit gestoppt. Die Sandkörner bleiben im Filter zurück, das Wasser passiert den Filter durch die Poren des Filters.

b) Gib an, welches Versuchsergebnis du erwartest und begründe deine Erwartung.
Die Filtration mit dem Faltenfilter wird in einer kürzeren Zeit beendet sein. Die Oberfläche des Filters ist durch die Auffaltung sehr viel größer, sodass mehr Poren zur Verfügung stehen, durch die die Wasserteilchen hindurchtreten können.

Versuch B:
c) Gib an, in welchem Wasserglas sich die Wassertemperatur schneller ändert. Begründe deinen Vorschlag.
Die Wassertemperatur steigt in dem Becherglas mit den vier Reagenzgläsern schneller. Die Oberfläche der vier Reagenzgläser ist größer, die Wärme kann also schneller vom 80 °C heißen Wasser aus den kleinen Reagenzgläsern in das umgebende Wasser abgegeben werden. Der Wärmeübergang in dem Becherglas mit nur einem großen Reagenzglas ist schlechter, da die Oberfläche des einzelnen großen Reagenzglases kleiner ist, als die Oberfläche der vier kleinen Reagenzgläser zusammen.

d) Erkläre an dem Modellversuch das Prinzip der Oberflächenvergrößerung.
Ein großes Reagenzglas mit 5 ml Inhalt hat im Verhältnis zu vier Reagenzgläsern mit je 1,25 ml Inhalt eine wesentlich kleinere Oberfläche. Durch die größere Oberfläche kann mehr Wärme ausgetauscht werden, es kommt schneller zum Temperaturausgleich als bei der Verwendung eines großen Reagenzglases. Durch eine größere Oberfläche können in einer bestimmten Zeit mehr Stoffe transportiert werden als durch eine kleinere.

4 Zusammensetzung der Luft

a) Stelle die Zusammensetzung der eingeatmeten und der ausgeatmeten Luft in einem geeigneten Diagramm dar und erkläre die Unterschiede.

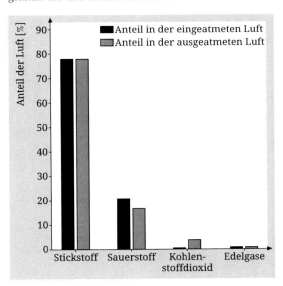

Die Zusammensetzung der eingeatmeten und der ausgeatmeten Luft unterscheidet sich. Der Gehalt an Stickstoff ist in der eingeatmeten und in der ausgeatmeten Luft gleich, er liegt bei 78 %. Der Gehalt an Sauerstoff ist in der eingeatmeten Luft höher als in der ausgeatmeten Luft. In der Lunge wird circa 4 % Sauerstoff aus der eingeatmeten Luft ins Blut aufgenommen. Daher sinkt der Gehalt an Sauerstoff von 21 auf 17 % in der ausgeatmeten Luft. Kohlenstoffdioxid ist in der eingeatmeten Luft kaum vorhanden, lediglich 0,04 % der eingeatmeten Luft sind Kohlenstoffdioxid. Die ausgeatmete Luft enthält 4 % Kohlenstoffdioxid, da in der Lunge Kohlenstoffdioxid aus dem Blut in die Lunge abgegeben wird. Der Gehalt an Edelgasen verändert sich nicht.

Seite 74

PRAKTIKUM Atmung

1 Atembewegungen kann man messen

a) Beschreibe und erkläre die Versuchsbeobachtungen.
Teilversuch 1: Bei der normalen Atmung bewegen sich beide Bücher abwechselnd nur ein wenig, denn die Bauchatmung erweitert den Brustkorb kaum. Bei der tiefen Atmung wird das auf dem Bauch liegende Buch deutlich angehoben, weil der Bauchraum durch die Bauchatmung stärker erweitert wird.
Teilversuch 2: Die Messergebnisse sind individuell unterschiedlich. Allerdings dehnt sich der Brustkorb bei tiefem Ein- und Ausatmen stärker als bei ruhiger Atmung. Der gemessene Brustumfang sollte deshalb bei tiefer Ein- und Ausatmung immer höher liegen als bei ruhiger Atmung.

2 Wie groß ist das Fassungsvermögen der Lunge?

a) Notiere die Messergebnisse in einer Tabelle. Bestimme anschließend den Mittelwert.
Individuelle Lösungen, in der Regel liegen die gemessenen Werte zwischen 1 und 2 Litern.

b) Ermittle das Luftvolumen, das deine Lunge fassen kann. Berücksichtige, dass nach dem Ausatmen noch etwa 1,5 Liter Restluft in der Lunge verbleiben.
Individuelle Lösungen, Beispiel: Wenn in Aufgabe a) ein Mittelwert von 1,8 Litern ermittelt wurde, beträgt das Luftvolumen 1,5 Liter + 1,8 Liter = 3,3 Liter.

3 Wie unterscheidet sich die eingeatmete Luft von der ausgeatmeten Luft?

a) Beschreibe und erkläre die Versuchsbeobachtungen.
Das Kalkwasser in der rechten Gaswaschflasche wird nach einigen Atemzügen milchig-trüb. Der erhöhte Kohlenstoffdioxidanteil in der Ausatemluft führt zur Trübung des Kalkwassers.

b) Wie würden sich die Versuchsbeobachtungen unterscheiden, wenn man den Versuch bei einem ruhenden Menschen und einem Menschen durchführt, der sich gerade körperlich angestrengt hat? Begründe deine Vermutung.
Bei einem Menschen, der sich körperlich angestrengt hat, müsste sich das Kalkwasser eher trüben als bei einem Menschen, der ruht. Die körperliche Anstrengung ist mit einer erhöhten Atemtätigkeit verbunden. Dadurch wird in kürzerer Zeit mehr Kohlenstoffdioxid ausgeatmet.

c) Plane einen Versuch, mit dem du deine Vermutung überprüfen kannst.
Man könnte den Versuch zweimal durchführen, einmal mit einer ruhenden Person und einmal mit einer Person, die beispielsweise gerade mehrere Kniebeugen gemacht hat. In beiden Fällen müsste man die Zeit bis zur sichtbaren Trübung des Kalkwassers messen.

Seite 75

(1) Beschreibe anhand der Abbildung 2 den Weg der Atemgase von der Lunge zu den Organen und zurück.
Der Sauerstoff aus der Atemluft wird in den Kapillaren der Lungenbläschen in das Blut aufgenommen. Das sauerstoffreiche Blut gelangt im Lungenkreislauf über die Lungenvene in die linke Herzhälfte. Von dort wird der im Blut gelöste Sauerstoff über den Körperkreislauf verteilt. Er gelangt dabei über die Aorta und immer kleinere Kapillaren zu den Organen. In den Organen wird Kohlenstoffdioxid in das Blut aufgenommen. Es wird über die Kapillaren, die sich zu immer größeren Venen vereinigen, in die rechte Herzhälfte transportiert, wo der Körperkreislauf endet. Im Lungenkreislauf wird das kohlenstoffdioxidreiche Blut, das aus der rechten Herzhälfte kommt, über die Lungenarterie in die Lungenkapillaren gepumpt. Dort wird das Kohlenstoffdioxid an die Atemluft abgegeben.

(2) In Arterien fließt immer sauerstoffreiches Blut, in Venen immer sauerstoffarmes. Beurteile diese Aussage kritisch.
Blutgefäße, die das Blut vom Herzen wegführen, werden als Arterien bezeichnet. Im Körperkreislauf ist das vom Herzen kommende Blut mit Sauerstoff angereichert. Im Lungenkreislauf hingegen

wird in den Arterien das kohlenstoffdioxidreiche Blut vom Herz zu den Kapillaren der Lungenbläschen gepumpt. Die Aussage ist also nur korrekt, wenn man den Körperkreislauf allein betrachtet.

Seite 76

1 Beschreibe anhand der Abbildung 1 den Weg des Blutes durch den Herzmuskel.
Sauerstoffarmes Blut gelangt über die Körpervene in den rechten Vorhof des Herzens. Nachdem sich die Herzklappen geöffnet haben, strömt es in die rechte Herzkammer. Von dort wird es in die Lungenarterie gepumpt.
Sauerstoffreiches Blut gelangt zuerst in den linken Vorhof, passiert die Herzklappen und strömt in die linke Herzkammer. Von dort wird es in die große Körperarterie, die Aorta, gepumpt.

2 Stelle eine Vermutung auf, warum die linke Herzkammer größer ist als die rechte.
Aus der linken Herzkammer heraus muss das Blut über die Aorta durch den gesamten Körper gepumpt werden. Das erfordert viel Kraft, die durch eine vergrößerte Muskelschicht der linken Herzhälfte erreicht wird.

Seite 77

AUFGABEN Blutkreislauf und Herz

1 Der Blutkreislauf
a) Erstelle mithilfe der Abbildung ein Fließdiagramm zum Weg des Blutes durch den Körper. Beginne und ende in der linken Herzhälfte.

linke Herzhälfte
↓
Körperarterie (Aorta)
↓
Arterien des Körpers
↓
Kapillaren der Organe des Körpers
↓
Körpervenen
↓
rechte Herzhälfte
↓
Lungenarterie

↓
Lunge
↓
Lungenvene
↓
linke Herzhälfte

b) Übertrage die folgende Tabelle in dein Heft. Gib jeweils an, ob der Gehalt an Sauerstoff beziehungsweise Kohlenstoffdioxid hoch oder niedrig ist.

Ort	Gehalt an Sauerstoff	Gehalt an Kohlenstoffdioxid
linke Herzhälfte	hoch	niedrig
Beinarterie	hoch	niedrig
Beinvene	niedrig	hoch
rechte Herzhälfte	niedrig	hoch
Lungenvene	hoch	niedrig

2 Pulsmessung
a) Stelle die Messergebnisse in je einem Säulendiagramm dar.

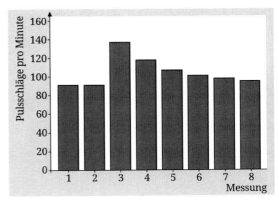

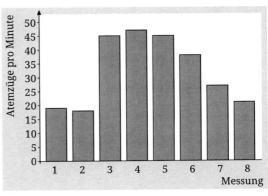

b) Erkläre die Messergebnisse.

Messung 1 und 2 wurden im Abstand von 2 Minuten bei körperlicher Ruhe durchgeführt. Diese Messwerte dienen zum Vergleich mit den nun folgenden Messungen. Messung 3 erfolgt nach kurzer intensiver körperlicher Belastung. Die folgenden Messungen (wieder im Abstand von je 2 Minuten) beziehen sich auf die Erholungsphase. Die Zahl der Pulsschläge pro Minute (= Herzfrequenz) erreicht unmittelbar während der Belastung den höchsten Wert und nimmt dann wieder langsam ab. Bei der achten Messung, also etwa 10 Minuten nach der Belastung, hat sich der Wert wieder normalisiert. Bei den Atemzügen fällt auf, dass der höchste Wert mit einer zeitlichen Verzögerung von 2 Minuten eintritt. Auch hier erfolgt die Normalisierung etwa nach 10 Minuten.

c) Formuliere eine allgemeine Regel, die den Zusammenhang von Herzfrequenz, Atemfrequenz und körperlicher Aktivität zeigt. Begründe die Regel.

Bei körperlicher Anstrengung (Aktivität) erhöht sich die Zahl der Pulsschläge pro Minute (Herzfrequenz). Auch die Zahl der Atemzüge pro Minute (Atemfrequenz) erhöht sich, wobei eine geringfügige zeitliche Verzögerung zu beobachten ist. Bei nachlassender Aktivität geht auch die Zahl der Pulsschläge und der Atemzüge – wiederum etwas zeitlich versetzt – zurück. Begründung: Bei gesteigerter körperlicher Aktivität erhöht sich der Sauerstoffbedarf der Organe. Das Herz pumpt etwas schneller und befördert dadurch pro Zeiteinheit mehr sauerstoffreiches Blut von den Lungen in die Organe. Durch die erhöhte Atemfrequenz wird das Blut mit mehr Sauerstoff beladen.

3 Bluttransport in den Venen

a) Beschreibe anhand der Abbildung, wie das Blut in den Venen weitertransportiert wird.

In den Venen befinden sich Taschenklappen. Wenn Venen neben Arterien liegen, sorgt die nach unten laufende Druckwelle der Arterie dafür, dass das Blut in den Venen nach oben gedrückt wird. Dabei öffnen sich die Taschenklappen. In die andere Richtung öffnen sie sich nicht, sodass das Blut nicht zurückfließen kann. Nach dem gleichen Prinzip erfolgt der Bluttransport in Venen, die neben Muskeln liegen. Durch das Anspannen der Muskeln wird das Blut nach oben gedrückt. Die Taschenklappen verhindern, dass es zurückfließt.

b) Bewegt man seine Beine länger nicht, kann es zu einem Blutstau in den Venen kommen. Infolge dessen können Beinvenen durch kleine Blutgerinnsel verstopfen. Entwickle eine Hypothese, warum Ärzte bei Langstreckenflügen zu häufigem An- und Entspannen der Beinmuskeln raten.

Durch das An- und Entspannen der Beinmuskulatur wird der Bluttransport in den Beinen gefördert, auch wenn man sich sonst nicht viel bewegt. Dadurch wird auch der Blutstrom in den Venen nach oben aufrechterhalten. So wird verhindert, dass sich Blutgerinnsel bilden, die die Beinvenen verstopfen.

Seite 78

(1) Nenne positive Auswirkungen von regelmäßigem Sport auf den Körper.
- macht Spaß
- setzt Glückshormon frei
- steigert die Leistungsfähigkeit
- baut Stress ab
- steigert die körperliche Fitness
- macht Muskeln kräftiger
- festigt Knochen, Sehnen und Gelenke
- beugt Rückenschmerzen vor
- steigert die Leistungsfähigkeit der Lunge und des Herzes
- fördert die Durchblutung der Organe

(2) Erstelle für eine Woche ein Bewegungsprotokoll. Notiere dabei in Form einer Tabelle, welche Art der Bewegung (Radfahren, Treppensteigen etc.) du wie lange durchgeführt hast. Protokolliere dabei auch bewegungsarme Zeiten und gib an, was du dabei gemacht hast. Vergleiche deine Ergebnisse anschließend mit denen deiner Mitschülerinnen und Mitschüler.

individuelle Lösungen

Seite 79

AUFGABEN Sport und Gesundheit

1 Positive Auswirkungen von Sport

a) Stelle die Tabelle in Form eines geeigneten Diagramms dar.

Individuelle Lösung, es sind auch getrennte Säulendiagramme für die Angaben in Zeile 1, Zeile 2+3 und Zeile 4 möglich.

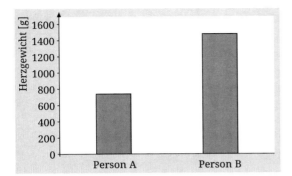

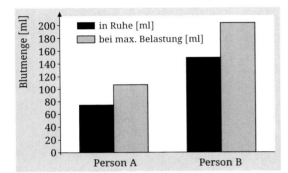

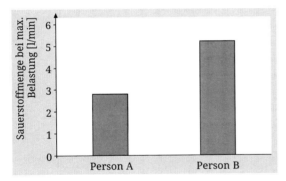

Für ein gemeinsames Säulendiagramm kann die x-Achse je vier Säulen für Person A bzw. Person B nebeneinander zeigen. Die y-Achse wird mehrfach skaliert: 0 – 1500 g Herzgewicht, 0 – 200 ml Blutmenge, 0 – 10 l/min Sauerstoffmenge

b) Werte das Diagramm aus.
Die beiden Personen zeigen bei diesen Untersuchungen wesentliche Unterschiede. Person A hat das geringere Herzgewicht und alle anderen Werte sind auch geringer.

c) Ordne zu, welche Person aktiv Ausdauersport betreibt. Begründe deine Zuordnung.
Person B zeigt die höhere Leistungsfähigkeit und ist

deshalb die Person, die regelmäßig trainiert.
Durch das Training wird die Muskulatur verstärkt. Die Zahl der Muskelzellen und der Blutkapillaren in den Muskeln erhöht sich. Dies betrifft auch den Herzmuskel und zeigt sich in der Erhöhung des Herzgewichts. Sowohl in Ruhe als auch bei Belastung wird bei jedem Pulsschlag eine größere Blutmenge in den Kreislauf gepumpt. Auch die Aufnahmefähigkeit des Blutes für Sauerstoff wird durch Training erhöht. So wird die Leistungsfähigkeit des Körpers gesteigert.

d) Erkläre, warum Person A und Person B gleich alt und gleich schwer sein müssen.
Die gemessenen Variablen sind nur dann vergleichbar, wenn sonstige Bedingungen möglichst gleich sind.

2 „Reportage vom Pferderennen"
a) Führt in der Klasse eine Bewegungspause nach der Anleitung durch.
Durchführung als Gruppenaktivität

b) „Eine Bewegungspause fördert die Konzentration und verhindert Haltungsschäden." Erklärt diese Aussagen.
Im Unterricht ist oft längeres Stillsitzen notwendig. Durch eine Bewegungspause wird der Kreislauf wieder in Schwung gebracht. Klatschen, Aufstehen, Jubeln und Trommeln auf die Brust fördern die Atmung und somit auch die Sauerstoffversorgung. Die geforderten Rumpfbewegungen beugen Haltungsschäden vor.

3 Mein Leben mit Querschnittslähmung
a) Beschreibe die Lage des Rückenmarks und der Nerven anhand der Abbildung.
Die Wirbel bilden mit ihren Wirbellöchern den Rückenmarkskanal. Je zwei übereinanderliegende Wirbel lassen auf jeder Seite eine Öffnung frei, durch die Nerven vom Rückenmark abzweigen und zum Beispiel in die Arme oder Beine ziehen. Die Bandscheiben liegen wie elastische Scheiben zwischen den Wirbelkörpern.

b) Erkläre, wie es bei Paul zur Querschnittslähmung gekommen sein könnte.
Durch den Sturz ist ein Lendenwirbel gebrochen. Dadurch haben sich die Wirbelkörper verschoben und das Rückenmark wurde verletzt. Die Weiterleitung der Nervensignale in die weiter unten liegenden Abschnitte des Rückenmarks wurde dadurch unterbrochen. Auch an die seitlich zwischen den Querfortsetzenden aus dem Rückenmark austretenden Nerven, die zum Beispiel in die Beine führen, werden nun keine Signale mehr geleitet.

c) Versuche dich, in Paul hineinzuversetzen. Schreibe an seiner Stelle einen Brief an einen Freund, in dem er erklärt, wie wichtig für ihn das Spiel im Verein ist.
individuelle Lösung

d) Informiere dich über die Paralympics und erläutere die Bedeutung dieser Sportereignisse.
individuelle Lösung

Seite 80

① Nenne Gründe, warum Menschen Alkohol trinken.
Alkohol sorgt für eine lockere Atmosphäre und gute Stimmung. Er kann unangenehme Situationen erträglich machen und entspannen. Oft wird aus Neugierde getrunken oder um dazuzugehören.

② Beschreibe die Wirkungen des Alkohols auf einen Menschen.
Alkohol verändert zunächst die Stimmungen und Gefühle positiv. Dann kippt die Stimmung allerdings. Alkohol verursacht einen Rausch mit Gleichgewichts- und Sprachstörungen. Er ist ein Zellgift, das Magen, Darm, Leber, Herz und Gehirn schädigt. Er verursacht Vergiftungen mit Bewusstseinsstörungen. Bei regelmäßiger Alkoholaufnahme kommt es zu Alkoholsucht, einer Krankheit.

③ Recherchiere die Aussagen des Jugendschutzgesetzes zum Kauf alkoholischer Getränke.
Laut Jugendschutzgesetz ist der Verkauf von branntweinhaltigen Getränken (Schnaps) an Kinder und Jugendliche unter 18 Jahren verboten. Andere alkoholische Getränke (Bier, Wein, Sekt) dürfen an Kinder und Jugendliche unter 16 Jahren nicht abgegeben werden. Diese Altersgrenze sinkt auf 14 Jahre, wenn Jugendliche von Erziehungsberechtigten begleitet werden.

④ Erläutere die Botschaft der Abbildung 1.
Die Abbildung soll verdeutlichen, dass man in einer Gruppe auch ohne den Konsum von Alkohol eine gute Stimmung haben kann. Außerdem kann man ohne Alkohol mehr erreichen.

Seite 81

① Erkläre, in welcher Zwangslage sich der Junge in Abbildung 1 befindet. Überlege dir, wie er auf überzeugende Weise die Zigarette ablehnen könnte.
Wahrscheinlich weiß der Junge, wie schädlich Rauchen ist. Vielleicht haben seine Eltern es ihm verboten oder er hat versprochen, nicht zu rauchen. Andererseits möchte er zu seiner Clique gehören und mitmachen, was die anderen machen.
Ablehnung: individuelle Lösung

② Beschreibe anhand der Abbildung 2, wie die Atemluft in den Bronchien gereinigt wird. Erkläre, wie sich das Rauchen auf diesen Vorgang auswirkt.
Kleine Staubteilchen, die mit der Luft eingeatmet werden, bleiben an der Schleimschicht, die die Bronchien auskleidet, hängen. Unterhalb der Schleimschicht befinden sich viele kleine Flimmerhärchen. Diese bewegen sich ständig in eine Richtung und erzeugen dadurch einen kontinuierlichen Schleimfluss von der Lunge zum Rachenraum. Die Staubteilchen werden so auf dem Schleim wie auf einem Fließband in den Rachenraum transportiert und werden dann abgehustet oder in den Magen heruntergeschluckt.
In den Bronchien eines Rauchers sind viele Flimmerhärchen miteinander verklebt. Dadurch kann der Schleim nicht abtransportiert werden, und die Schleimschicht ist deutlich dicker als in den Bronchen von Nichtrauchern.

Seite 83

METHODE Bewerten – Eine begründete Entscheidung treffen

① Übertrage die Mindmap aus Abbildung 2 auf ein DIN-A4-Blatt und vervollständige sie durch weitere positive und negative Folgen des Rauchens.
individuelle Lösung

② Gib an, welche positive Folge des Nichtrauchens dir am wichtigsten ist und welche negative Folge du am schwersten ertragen könntest.
individuelle Lösung

3 In einem Sportverein wird darüber abgestimmt, ob an Vereinsabenden geraucht werden darf. Führt ein Rollenspiel durch, in dem Befürworter und Gegner des Vorschlags ihre Standpunkte darlegen.
individuelle Lösung

4 „Hör mir zulieb auf zu rauchen", bittet ein Junge seine Freundin. Versetze dich in seine Lage und begründe die Bitte. Nimm Stellung zu folgender Antwort des Mädchens: „Ein richtiger Freund muss mein Rauchen akzeptieren.
individuelle Lösung

Seite 84

AUFGABEN Wege in die und aus der Abhängigkeit

---

a) Viele Jugendliche erleben in ihrer Clique das Gefühl von Gemeinschaft und Verbundenheit. Um sich nicht ausgeschlossen zu fühlen, macht man vielleicht auch manchmal etwas mit, wozu man eigentlich keine Lust hat. Erkläre diesen sogenannten Gruppenzwang an einem Beispiel. Prüfe, ob bei Toms Entwicklung der Alkoholabhängigkeit ein Gruppenzwang vorlag.
Beispiellösung: Ein Jugendlicher beginnt zu rauchen, da viele aus seiner Clique rauchen, und er zeigen will, dass er dazugehört. Eine Jugendliche redet mit ihren Freundinnen über eine bestimmte Person schlecht, obwohl sie diese kaum kennt und eigentlich noch gar keine eigene Meinung dazu hat.
Auch an Toms Geschichte erkennt man einen Gruppenzwang. Die ganze Clique spielte am Wochenende Handball und trank danach Bier zusammen. Er wird zwar nicht gezwungen, Bier zu trinken, aber er macht mit, um zu zeigen, dass er zu der Clique gehört.

b) Zu den typischen Kennzeichen einer Alkoholsucht oder Alkoholabhängigkeit gehören:
– Es ist ein starker Wunsch oder Zwang vorhanden, Alkohol zu konsumieren.
– Es werden immer höhere Alkoholmengen konsumiert.
– Beim Absetzen des Alkohols treten körperliche Entzugserscheinungen auf.
– Andre Interessen und Vergnügen werden zugunsten des Alkohols vernachlässigt.
– Trotz schädigender Wirkung (z. B. gesundheitliche Schäden) wird Alkohol konsumiert.

Zeige diese Kennzeichen an Toms Weg in die Abhängigkeit auf.
– Toms starker Wunsch oder Zwang, Alkohol zu konsumieren zeigt sich darin, dass er zunächst nur mit der Clique am Wochenende beim Feiern Bier trinkt, trinkt. Später schon vor dem Feiern. Dann vor dem Arbeitsbeginn. Am Wochenende kam er regelmäßig betrunken nach Hause. Er trank so viel, dass er Blackouts hatte.
– Tom interessierte sich nicht mehr für Handball und ebenso wenig für seine Freunde aus der Clique. Er trank nur noch Alkohol.
– Trotz schädigender Wirkung trinkt Tom weiter, obwohl er Blackouts hat und seinen Arbeitsplatz verlor. Obwohl er kein Handball mehr spielen konnte, weil er seine Kondition und Reaktionsfähigkeit eingebüßt hatte, und obwohl er den Kontakt zu seiner Clique verlor.
Hinweis: Die körperlichen Entzugserscheinungen werden in dem Text nicht beschrieben.

c) Erkläre das Schema für den Weg in die Abhängigkeit und aus der Abhängigkeit heraus.
Eine Person trinkt zunächst keinen Alkohol, später genießt sie vielleicht zunächst nur zu besonderen Anlässen ein Glas Wein oder Sekt. Danach trinkt sie zum Genuss am Feierabend häufiger Wein (Genuss, Konsum). Sie kann sich mit einem Glas Wein gut entspannen. In einer stressigen Phase trinkt sie auch mal mehr als ein Glas Wein am Abend, es kommt zum verstärkten Konsum. Sie gewöhnt sich daran, zur Entspannung Alkohol zu trinken (Gewöhnung). So trinkt sie auch mal am Vormittag Alkohol und am Wochenende oft mehr.
An jeder dieser Stellen des Weges kann die Person sich entscheiden, weniger oder keinen Alkohol mehr zu trinken oder Alkohol nur zu besonderen Anlässen zu genießen.
Trinkt sie aber weiter, kann sie schließlich ohne alkoholische Getränke zu sich zu nehmen, langfristig gar nicht mehr ihren Alltag leben. Sie trinkt, obwohl sie bereits gesundheitliche Probleme hat, den Kontakte zu anderen Menschen verloren hat, vielleicht den Führerschein abgeben musste, weil sie betrunken Auto gefahren ist und ihr Arbeitgeber ihr gekündigt hat. Sie ist vom Alkohol abhängig geworden, die Sucht ist entstanden.
Jede Abhängigkeit kann auch zum Tod führen.
Entscheidet sich die betroffene Person zu einer Therapie, hat sie gute Chancen, wieder ein suchtfreies

Leben führen zu können. Sie darf aber ihr Leben lang keinen Alkohol mehr zu sich nehmen, sonst wird sie rückfällig.

5 Zellatmung – Energie wird für die Zellen nutzbar

Seite 85

1 Erkläre anhand des Schemas in der Abbildung die Zellatmung.
Die benötige Energie stammt aus den Grundbausteinen der Nahrung. Glucose reagiert in den Muskeln zusammen mit dem eingeatmeten Sauerstoff zu Kohlenstoffdioxid und Wasser. Dadurch wird die in der Glucose enthaltene chemische Energie als Wärme und Bewegungsenergie für den Körper nutzbar.

2 Erkläre den Zusammenhang zwischen der erhöhten Aktivität der Muskelzellen eines Sprinters und dem Anstieg seiner Körpertemperatur.
Ein Teil der chemischen Energie aus der Glucose wird in der Zellatmung in Wärme umgewandelt. Bei erhöhter Zellatmung wird auch mehr Wärme produziert und die Körpertemperatur steigt.

6 Fortpflanzung und Entwicklung des Menschen

Seite 89

1 Nenne drei Sprüche deiner Eltern, die du nicht mehr hören kannst. Erkläre, warum sie dich nerven.
individuelle Lösungen

2 Nenne drei Sprüche, die deine Eltern von dir nicht mehr hören können. Stelle Vermutungen an, warum diese Sprüche sie nerven.
individuelle Lösungen

3 Suche die positive Botschaft, die in den drei Sprüchen in Abbildung 2 steckt, zum Beispiel: „Wo willst du jetzt schon wieder hin?" – „Es ist schade, dass du so wenig Zeit mit uns verbringst."
individuelle Lösungen

Seite 91

1 Nenne fünf primäre und drei sekundäre Geschlechtsmerkmale des Mannes.
primäre Geschlechtsmerkmale: Penis, Hoden, Eichel, Vorhaut, Nebenhoden
sekundäre Geschlechtsmerkmale: Bartwuchs, verstärkte Körperbehaarung, Stimmbruch

2 Beschreibe anhand der Abbildung 1 den Weg der Spermienzellen beim Spermaerguss.
Beim Spermaerguss gelangen die reifen Spermienzellen aus den Nebenhoden in die Spermienleiter. Dort werden aus Vorsteher- und Bläschendrüse Flüssigkeiten zu den Spermienzellen gegeben. Alles zusammen bildet das Sperma, das über die Harn-Sperma-Röhre durch den Penis hindurch nach außen abgegeben wird.

3 Fertige eine Tabelle mit den Namen der männlichen Geschlechtsorgane und ihren jeweiligen Aufgaben an.

Name	Aufgabe
Penis	Geschlechtsverkehr
Eichel	Penisspitze, berührungsempfindlich (Erektion, Orgasmus)
Vorhaut	Schutz der Eichel vor Verletzung, Austrocknung und Reibung
Schwellkörper	Stauung von Blut (Erektion)
Hoden	Bildung von Spermienzellen
Nebenhoden	Reifung und Speicherung der Spermienzellen
Spermienleiter	Transport der Spermienzellen
Vorsteher- und Bläschendrüse	Produktion von Flüssigkeiten für das Sperma
Harn-Sperma-Röhre	Transport des Spermas

4 Beantworte die Frage, wann und wie oft sich ein Junge in der Pubertät duschen sollte. Lies dazu den Rat von Dr. Winter in Abbildung 3.
Ein Junge in der Pubertät sollte sich täglich reinigen, um unangenehmen Körpergeruch durch Schweiß und Geruchsstoffe zu vermeiden. Die Reinigung sollte auch die Geschlechtsorgane einschließen, um Entzündungen vorzubeugen. Je nach

persönlichen Vorlieben kann die Reinigung durch Duschen oder gründliches Waschen erfolgen.

Seite 92

1 Beschreibe anhand der Abbildung 1 den Bau der weiblichen Geschlechtsorgane.
Lediglich die großen und kleinen Schamlippen und der Kitzler sind bei der Frau äußerlich sichtbar. Im Körperinneren befindet sich die Scheide, deren Eingang von den Schamlippen verdeckt wird. Die Scheide ist eine schlauchartige Verbindung zur birnenförmigen Gebärmutter, die mit der Gebärmutterschleimhaut ausgekleidet ist. Den Übergang von der Scheide zur Gebärmutter bildet der Gebärmutterhals mit dem Gebärmuttermund. Seitlich am oberen Rand der Gebärmutter zweigen rechts und links die Eileiter ab, die jeweils in einen Eierstock münden.

2 Fertige eine Tabelle mit den Namen der weiblichen Geschlechtsorgane und ihren jeweiligen Aufgaben an.

Name	Aufgabe
große und kleine Schamlippen	Schutz der Scheiden- und Harnröhrenöffnung
Kitzler (Klitoriskrone)	Auslösung lustvoller Gefühle beim Geschlechtsverkehr (Orgasmus)
Scheide	Aufnahme des Penis (Geschlechtsverkehr)
Gebärmuttermund	Schutz und Verschluss der Gebärmutter
Gebärmutter	beherbergt während der Schwangerschaft den Embryo bzw. Fötus
Eileiter	Verbindungsgang zwischen Eierstock und Gebärmutter
Eierstock	Reifung der Eizellen

Seite 93

AUFGABEN Körperliche Veränderungen während der Pubertät

♀ **Entwickelt sich mein Körper normal?**

a) Gib Hanna einen Rat, der sie aufmuntert. Berücksichtige dabei das Balkendiagramm.
Hanna sollte ihre eigene Entwicklung nicht mit der ihrer Freundinnen vergleichen. Auch wenn die Brustentwicklung bei einigen Mädchen schon mit 9 Jahren einsetzt, entwickeln sich bei anderen Mädchen die Brüste erst mit 14 Jahren oder später. Bei der Menstruation liegt diese Spanne sogar zwischen dem 9. und 16. Lebensjahr. Bei jedem Mädchen verläuft die Entwicklung anders. Auch wenn sich Hannas Körper etwas langsamer entwickelt, muss sie sich noch keine Sorgen machen, dass ihre Entwicklung nicht normal sein könnte.

b) Erkläre, warum die roten Balken des Diagramms links und rechts auslaufen und keine klaren Begrenzungen haben.
Die Balken zeigen lediglich die jeweiligen Entwicklungsstadien der meisten Mädchen. Da sich der Körper eines jeden Mädchens individuell entwickelt, kann es durchaus sein, dass ein oder mehrere körperliche Merkmale sich früher oder später entwickeln, als im Diagramm dargestellt.

♂ **Entwickelt sich mein Körper normal?**

a) Gibt Jonas einen Rat, der ihn aufmuntert. Berücksichtige dabei das Balkendiagramm.
Alle Jungen entwickeln sich unterschiedlich. Es gibt einige, zu denen Jonas vermutlich gehört, bei denen das Längenwachstum erst im 15. oder 16. Lebensjahr einsetzt. Auch sollte er sich wegen seiner Größe nicht vor den Mädchen genieren, denn auch diese entwickeln sich unterschiedlich. Zudem hängt weder bei Jungen noch bei Mädchen ihr Wert von der Köpergröße oder dem Stand ihrer körperlichen Entwicklung ab.

b) Erkläre, warum die blauen Balken des Diagramms links und rechts auslaufen und keine klaren Begrenzungen haben.
Die Balken zeigen lediglich die jeweiligen Entwicklungsstadien der meisten Jungen. Da sich der Körper eines jeden Jungen individuell entwickelt, kann es durchaus sein, dass ein oder mehrere körperliche Merkmale früher oder später sichtbar werden, als im Diagramm dargestellt.

Seite 95

1 Beschreibe die Vorgänge während des weiblichen Zyklus.

Die *Abbruchphase* beginnt mit dem 1. Zyklustag. Die obere Gebärmutterschleimhaut löst sich ab und tritt mit Blut vermischt durch die Scheide nach außen. Dieser als Menstruation bezeichnete Vorgang dauert etwa vier bis fünf Tage.

In der folgenden *Aufbauphase* reift die Eizelle im Eierstock und die Gebärmutterschleimhaut wächst etwa auf das 3 – 5fache ihrer ursprünglichen Stärke heran. Mit dem *Eisprung* am 14. Zyklustag beginnt die *Umbauphase*. Die Eizelle wird mit der Flüssigkeit des Follikels aus dem Eierstock in den Eileiter geschwemmt, wo sie befruchtet werden kann. In dieser Zyklusphase wird die Gebärmutterschleimhaut stärker durchblutet und mit Nährstoffen angereichert.

Wird die Eizelle nicht befruchtet, geht sie zugrunde und die Durchblutung der oberen Gebärmutterschleimhaut wird gestoppt. Infolgedessen löst sie sich ungefähr 28 Tage nach dem ersten Zyklustag ab und ein neuer Zyklus beginnt.

2 Diskutiere die Aussage: „Ich weiß ganz genau, wann ich meine fruchtbare Phase habe."

Bei einem regelmäßigen 28-Tage-Zyklus findet der Eisprung etwa am 14. Tag statt. Rund 12 bis 18 Stunden nach dem Eisprung kann eine Eizelle im Eileiter von einer Spermienzelle befruchtet werden. Dann geht sie zugrunde. Es ist nicht möglich, aus diesen Daten eine verlässliche Vorhersage über eine fruchtbare Phase zu machen. Denn auch bei einer Frau mit regelmäßigem 28-Tage-Zyklus zeigt der Zyklus oft nicht vorhersehbare Abweichungen. Es muss auch die Lebensdauer der Spermienzellen von drei bis fünf Tagen berücksichtigt werden. Bei einem Paar mit Kinderwunsch kann mithilfe der Kenntnis des Eisprungs die Wahrscheinlichkeit einer Befruchtung erhöht werden.

3 Nimm Stellung zu der Frage, wann und wie oft sich ein Mädchen in der Pubertät duschen sollte. Lies dazu auch den Rat von Frau Dr. Winter in Abbildung 3.

Zumindest im Bereich der äußeren Geschlechtsorgane sollten sich Mädchen in der Pubertät täglich waschen, während der Periode eventuell auch häufiger. Dabei sollte an diesen Stellen jedoch auf Seife, Waschlotion und Intimspray verzichtet werden, um der Selbstreinigung der Scheide nicht zu schaden. Um unangenehmen Körpergeruch durch Schweiß und Geruchsstoffe zu vermeiden, sollte auch der übrige Körper täglich gereinigt werden. Je nach persönlichen Vorlieben kann dies durch Duschen oder gründliches Waschen erfolgen.

Seite 96

AUFGABEN Bau der Geschlechtsorgane und weiblicher Zyklus

1 Feuchte Träume

a) Ordne den Ziffern in der Abbildung der männlichen Geschlechtsorgane die entsprechenden Begriffe zu und stelle den Weg einer Spermienzelle beim feuchten Traum in einem Fließdiagramm dar.

① Vorhaut
② Eichel
③ Penis
④ Schwellkörper
⑤ Peniswurzel
⑥ Blase
⑦ Spermienleiter
⑧ Bläschendrüse
⑨ Vorsteherdrüse
⑩ After
⑪ Hodensack
⑫ Hoden
⑬ Nebenhoden
⑭ Harn-Sperma-Röhre

Nebenhoden → Spermienleiter → Harn-Sperma-Röhre → Eichel

b) Erkläre den Unterschied zwischen Spermienzellen und dem Sperma, das beim Spermaerguss abgegeben wird.

Spermienzellen sind die männlichen Geschlechtszellen, die in den Nebenhoden reifen und der Fortpflanzung dienen. Das beim Spermaerguss abgegebene Sperma besteht aus den Spermienzellen und den Flüssigkeiten der Vorsteher- und Bläschendrüse.

2 Weiblicher Zykus

a) Beschreibe und erkläre anhand der Abbildung die Veränderungen der Gebärmutterschleimhaut während des Zyklus einer Frau und benenne dabei die einzelnen Phasen.

Der Zyklus beginnt mit der etwa 4 Tage dauernden Abbruchphase, in der sich die obere Schicht der Ge-

bärmutterschleimhaut ablöst und zusammen mit dem Menstruationsblut durch die Scheide austritt.
Es folgt die Aufbauphase, in der die obere Gebärmutterschleimhaut auf ein Vielfaches ihrer ursprünglichen Stärke wächst. Diese Phase dauert bis zum Eisprung am 14. Zyklustag. Daran schließt sich die Umbauphase an, in der es in der oberen Schicht der Gebärmutterschleimhaut zu einer verstärkten Durchblutung und Einlagerung von Nährstoffen kommt.
Nistet sich keine befruchtete Eizelle ein, wird diese Schicht etwa ab dem 25. Zyklustag nicht mehr durchblutet, sodass sie sich nach ungefähr 28 Tagen von der unteren Schicht der Gebärmutterschleimhaut ablöst. Mit dem Einsetzten der Menstruation beginnt der nächste Zyklus.

b) Erkläre, wie sich die Eizelle, die beim Eisprung den Eierstock verlässt, während dieser Phasen verändert.
Die Eizelle befindet sich vor dem Eisprung im Eierstock im Follikel, einem mit Flüssigkeit gefüllten Bläschen. Dieses platzt während des Eisprungs und die Eizelle wird mit der Flüssigkeit in den Eileiter geschwemmt. Wird sie befruchtet, beginnt sie sich zu teilen und der dabei entstehende Zellhaufen nistet sie sich in die Gebärmutterschleimhaut ein. Kommt es nicht zur Befruchtung, geht die Eizelle zugrunde.

Seite 97

① „Wow, du siehst aber heiß aus." Erkläre an je einem Beispiel, dass dieser Satz je nachdem, wer ihn sagt, sowohl ein Kompliment als auch eine sexuelle Belästigung darstellen kann.
Individuelle Lösungen, Beispiel für ein *Kompliment*: Der eigene Freund sagt dies, als die Freundin ihm ihr neuestes Kleid vorführt.
Beispiel für *sexuelle Belästigung*: Ein Junge sagt dies zur Begrüßung zu einem Mädchen, das ihn mehrfach zurückgewiesen hat.

② Begründe, warum es in bestimmten Situationen wichtig ist, auf die eigenen Gefühle zu achten.
Wenn man auf seine Gefühle achtet, kann man seine eigenen Grenzen schneller erkennen und verhindern, dass andere diese überschreiten. Dadurch kann vielfach unterbunden werden, dass eine Situation überfordernd oder verletzend wird.

③ Erkläre, warum es nicht immer leicht ist, „NEIN" zu sagen.
Wenn man verliebt ist, möchte man den Partner glücklich machen und ihm gefallen. Dadurch kann es manchmal schwer sein, „NEIN" zu sagen, aus Angst, den Partner zu verletzen oder abzuweisen.

Seite 98

AUFGABEN Grenzen setzen – NEIN sagen

1 Auch Jungen dürfen „NEIN" sagen!
a) Prüfe, welche der unten aufgelisteten Begriffe Pauls und Annas Gefühle in der Situation beschreiben könnten. Ordne den beiden jeweils fünf Begriffe zu, die ihre Gefühle in der Situation vermutlich am besten beschreiben. Begründe deine Zuordnung.
Paul: unwohl, überrascht, unsicher, erschrocken, durcheinander
Paul hat sicher nicht mit dem sehr offensiven Verhalten von Anna gerechnet. Ihr plötzlicher Umarmungsversuch hat ihn daher überrascht, erschrocken und durcheinander gebracht. Annas Erwartungen an ihn ändern die zuvor entspannte Situation, was ihn verunsichert. Er fühlt sich unwohl durch Annas Verhalten, denn er möchte nicht von ihr umarmt werden.
Anna: empört, enttäuscht, traurig, verärgert, verletzt
Annas Gefühle wandeln sich sehr schnell von liebevoll zu enttäuscht, als Paul ihren Umarmungsversuch stoppt. Sie hat erwartet, dass er dieselben Gefühle wie sie empfindet und ist enttäuscht, dass dem nicht so ist. Die Enttäuschung wandelt sich schnell in Empörung und Verärgerung, weil er sie mit seinem abweisenden Verhalten verletzt. Letztendlich ist sie traurig, dass er ihre Gefühle nicht teilt.

b) Schreibe einen kurzen Wortwechsel auf, der zwischen Anna und Paul nach dieser Situation stattfinden könnte.
Individuelle Lösungen, Beispiellösung:
Paul: „Ich mache überhaupt nichts kaputt, sondern du!"
Anna: „Was?! Das ist nicht wahr! Es war doch alles super, bis gerade eben!"
Paul: „Es war auch alles super! Aber ich will das eben nicht!"
Anna: „Ich dachte, du magst mich auch ..."
Paul: „Tue ich ja auch. Ich dachte, wir sind Freunde. Lass es uns doch etwas langsamer angehen."

c) Nimm Stellung zu Annas Vorwurf: „Du machst alles kaputt!"

Aus Annas Sicht trifft dieser Vorwurf durchaus zu, denn seine Reaktion hat die entspannte Stimmung von vorher zerstört. Aus Pauls Sicht hat jedoch eher Anna alles kaputt gemacht, als sie ihn gegen seinen Willen umarmen wollte.

2 Wer darf was?

a) Schreibe aus der Tabelle die Zahlen- und Wer-Spalten ab und ergänze noch folgende Personen: Schwester, Freund, Freundin, Mitschüler, Mitschülerin, Schwimmtrainer, Schwimmtrainerin, Nachbar, Nachbarin. Gib durch ein Plus- oder Minuszeichen an, was die jeweiligen Personen machen dürfen, ohne dass du dich dabei unwohl fühlst.

individuelle Lösungen

b) Vergleiche deine Tabelle jeweils mit der einer Mitschülerin sowie mit der eines Mitschülers. Diskutiere, warum sich die ausgefüllten Tabellen jeweils unterscheiden.

Individuelle Lösungen, jeder hat andere persönliche Grenzen. In der Regel dürfen gleichgeschlechtliche Personen mehr machen, ohne dass man sich dabei unwohl fühlt, als Personen des anderen Geschlechts. Auch ist das Vertrauen zu Familienmitgliedern meist größer.

Seite 99

1 Fasse in einem Satz zusammen, was man unter Befruchtung versteht.
Unter Befruchtung versteht man das Verschmelzen der Zellkerne zweier Geschlechtszellen.

Seite 100

EXKURS Ein Kind entsteht

1 Beschreibe anhand der Abbildung 1 die Entwicklung des Embryos.
Der Embryo entwickelt sich aus der befruchteten Eizelle, der Zygote. Diese teilt sich während ihres Transports durch den Eileiter, wobei zunächst zwei, dann vier, acht und immer mehr miteinander verbundene Zellen entstehen. Wenn der Embryo die Gebärmutter erreicht, besteht er aus einer Hohlkugel von etwa 100 Zellen. Er dringt in die Ge-

bärmutterschleimhaut ein. Aus Teilen der äußeren Schicht der Hohlkugel bildet sich an der Gebärmutterwand die Plazenta, über die der Embryo mit Nährstoffen und Sauerstoff aus dem mütterlichen Blut versorgt wird, während er sich zum Fetus und geburtsreifen Kind entwickelt.

2 Erkläre den Unterschied zwischen einem Embryo und einem Fetus.
Als Embryo wird der menschliche Keim vom Zeitpunkt der Befruchtung bis zum Ende des dritten Schwangerschaftsmonats (also ungefähr 8 Wochen nach der Befruchtung) bezeichnet. Während der Embryonalzeit entwickelt sich die Körperform und es werden alle inneren Organe angelegt. Als Fetus bezeichnet man das entstehende Kind ab dem 4. Schwangerschaftsmonat. Ab diesem Zeitpunkt zeichnet sich die Entwicklung des Kindes vor allem durch das Körperwachstum aus. Die Organe übernehmen dabei nach und nach ihre Funktion.

Seite 101

EXKURS Die Geburt

1 Stelle die Vorgänge bei der Geburt in einem Fließdiagramm dar.

erste Wehen
↓
stärker werdende Wehen
in immer kürzeren Abständen
↓
der Kopf des Kindes
drückt in den Gebärmutterhals
↓
der Gebärmuttermund wird geweitet
↓
die Fruchtblase platzt
↓
das Kind wird mit dem Kopf voran
durch Gebärmuttermund und Scheide gepresst
↓
Abnabelung
↓
Lösen der Plazenta von der Gebärmutterwand
↓
Plazenta, Nabelschnur und Fruchtblase werden durch
eine kurze Nachwehe ausgestoßen

2 Stelle Vermutungen dazu an, warum Kinder normalerweise mit dem Kopf zuerst geboren werden.

Bei Neugeborenen ist der größte Körperteil der Kopf. Die meisten Kinder werden deshalb mit dem Kopf zuerst geboren, weil dieser den Geburtsweg am besten weiten kann. Ist er geboren, folgt der übrige Körper in der Regel schnell und problemlos nach.

Werden Kinder mit den Füßen voran geboren, dauert die Geburt meist länger, weil der Muttermund durch die Füße und Beine des Kindes langsamer geweitet wird. Zudem besteht die Gefahr, dass der Kopf nach der Geburt der Beine im Geburtskanal stecken bleibt

3 Beschreibe die Unterschiede, die zwischen dem Leben des Fetus im Mutterleib und dem Leben nach der Geburt auftreten.

Im Mutterleib schwimmt der Fetus im Fruchtwasser, das sich in der Fruchtblase in der Gebärmutter befindet. Dadurch ist der Fetus vor Erschütterungen und Stößen geschützt. Die Umgebungstemperatur ist weitgehend konstant und wird durch den mütterlichen Körper reguliert. Die Versorgung mit Nährstoffen und Sauerstoff erfolgt über die Nabelschnur aus dem Blut der Mutter. Die Lungen sind stillgelegt. Nach der Geburt füllen sich die Lungen mit Luft und die eigenständige Atmung setzt ein. Nach der Durchtrennung der Nabelschnur erfolgt die Versorgung mit Nährstoffen durch die Muttermilch. Aufgrund seiner Hilflosigkeit ist der Säugling von der Hilfe der Mutter oder einer Betreuungsperson abhängig. Er muss durch entsprechende Bekleidung vor Auskühlung und vor Überhitzung geschützt werden. Seine Ausscheidungen müssen entsorgt und die Haut muss gepflegt werden.

1 Fortpflanzung bei Samenpflanzen

Seite 106

① Gib in Form einer Tabelle die Funktion der einzelnen Blütenteile an.

Blütenteil	Funktion
Kelchblätter	Schutz der im Inneren gelegenen Blütenteile
Kronblätter	bei geschlossener Blüte: Schutz der im Inneren gelegenen Blütenteile, bei geöffneter Blüte: Anlockung von Insekten
Staubblätter	männliche Blütenorgane; enthalten den Pollen
Fruchtblätter	weibliche Blütenorgane; bilden den Stempel, der im Fruchtknoten die Samenanlage trägt

Seite 107

METHODE Untersuchung einer Blüte

① Erstellt gruppenweise Legebilder und Blütendiagramme von verschiedenen Blüten. Fotografiert zuvor die Blüten und anschließend die Legebilder und präsentiert eure Ergebnisse in Form eines Posters.
individuelle Lösung

② Überlegt, in welchen Punkten das Strukturmodell vom Blütendiagramm nicht den wirklichen Verhältnissen der Kirschblüte entspricht.
Die Anordnung der Blütenorgane ist im Blütendiagramm vereinfacht und räumlich auseinandergezogen dargestellt. Die Form und die Größe der Blütenorgane, vor allem der Aufbau der Staubblätter und der Fruchtblätter, entspricht nicht der Realität. Alle Blütenorgane werden durch festgelegte Symbole wiedergegeben, deren Farbe zum Teil nicht mit der dargestellten Blüte übereinstimmt.

Seite 108

PRAKTIKUM Blüten

1 Legebilder verschiedener Blütenpflanzen
a) Vergleiche die Legebilder von Hahnenfuß und Zaunwicke.
Die Hahnenfußblüte besitzt fünf Kronblätter, die alle gleich gestaltet und nicht miteinander verwachsen sind. Die fünf Kronblätter einer Wickenblüte sind unterschiedlich gestaltet: Das größte ist die sogenannte Fahne, daran liegen zwei seitliche Kronblätter, die Flügel an. Die beiden unteren Kronblätter sind miteinander verwachsen und bilden das sogenannte Schiffchen.
In mehreren Kreisen sind bei der Hahnenfußblüte zahlreiche einzelne Staubblätter angeordnet. Die neun Staubblätter der Wickenblüte sind an den Staubfäden zu einer Röhre verwachsen, die vom zehnten Staubblatt bedeckt wird. Der Stempel besteht bei beiden Blüten aus einem Fruchtblatt.

b) Begründe, weshalb Pflanzen wie die Zaunwicke als Schmetterlingsblütler bezeichnet werden.
Typisch für Schmetterlingsblütler ist der Blütenaufbau, bei dem die unterschiedlich gestalteten Kronblätter die sogenannte Fahne, das Schiffchen und die Flügel bilden. Diese Art der Kronblätter erinnert von der Form her an einen Schmetterling. Auch die Kronblätter der Wicke sind so gestaltet, weshalb die Pflanze zu den Schmetterlingsblütlern gehört.

c) Erkläre, warum man die Blüten von Hahnenfuß und Zaunwicke als Zwitterblüten bezeichnet.
Hahnenfuß und Zaunwicke besitzen mit den Staubblättern und Fruchtblättern jeweils männliche und weibliche Blütenorgane innerhalb einer Blüte. Diese werden deshalb als Zwitterblüten bezeichnet.

2 Untersuchung einer Tulpenblüte

a) Vergleiche den Bau von Tulpenblüte und Kirschblüte. Fertige hierzu eine Tabelle an, in die du die Anzahl der einzelnen Blütenorgane einträgst.

Blütenteil	Tulpe	Kirsche
Kelchblätter	keine*	5
Kronblätter	3* + 3*	5
Staubblätter	6	viele
Fruchtblätter	6	1

* Eine Differenzierung von Kelchblättern und Kronblättern liegt nicht vor, die Blütenblätter bilden ein sogenanntes Perigon.

b) Beschreibe den Aufbau des Stempels und den eines Staubblatts der Tulpe.
Der Stempel besteht aus einem dicken, dreikantigen, grünen Fruchtknoten, auf dem eine dreilappige Narbe sitzt. Ein Griffel fehlt. Der oberständige Fruchtknoten besteht aus drei miteinander verwachsenen Fruchtblättern.

Seite 109

(1) In manchen Jahren ist es zur Zeit der Kirschblüte sehr kalt. Erkläre, warum die Kirschernte dann gering ausfällt.
Kirschblüten werden durch Insekten, meist Bienen, bestäubt. Ist es während der Kirschblüte zu kalt, können die Bienen kaum fliegen und die Blüten bestäuben, weshalb die Ernte dann gering ausfällt.

Seite 110

(1) Beim Haselstrauch entwickeln sich die Blüten vor dem Austreiben der Blätter. Begründe, warum diese zeitliche Abfolge biologisch sinnvoll ist.
Da die Blüten des Haselstrauchs vom Wind bestäubt werden, ist es wichtig, dass dieser ungehindert an die Kätzchen und Blüten gelangt. Blätter würden die männlichen und weiblichen Blütenorgane vor dem Wind schützen und die Bestäubung erschweren.

(2) Begründe die Massenproduktion an Pollenkörnern bei Pflanzen mit Windbestäubung.
Die Pollenkörner werden durch den Wind zufällig verteilt. Damit die Wahrscheinlichkeit erhöht wird, dass ein Pollenkorn auf die Narbe einer weiblichen Blüte trifft, müssen möglichst viele Pollenkörner freigesetzt werden.

Seite 111

(1) Bei der Hasel werden pro Samenanlage etwa 2,4 Millionen Pollenkörner gebildet, bei dem Weiß-Klee etwa 1650. Begründe die unterschiedlichen Zahlenwerte.
Die Erzeugung von sehr vielen Pollenkörnern weist auf eine Windbestäubung hin. Die Übertragung der Pollenkörner auf die weiblichen Blüten erfolgt bei der Windbestäubung nach dem Zufallsprinzip. Es gehen sehr viele Pollenkörner verloren. Die sehr geringe Zahl von Pollenkörnern beim Weiß-Klee deutet dagegen auf eine sehr effektive Insektenbestäubung hin. Aufgrund des gezielten Transports vor allem durch Honigbienen gehen kaum Pollenkörner verloren.

Seite 112

(1) Erstelle ein Fließdiagramm vom Aufblühen der Kirschblüte bis zur Bildung der Kirschfrucht.

Aufblühen der Kirschblüte
↓
Anhaften der Pollenkörner an einer Biene
↓
Biene überträgt die Pollenkörner auf die Narbe einer anderen Kirschblüte
↓
Bildung der Pollenschläuche
↓
Wachstum der Pollenschläuche durch den Griffel bis zur Samenanlage
↓
Freisetzung der männlichen Geschlechtszelle
↓
Verschmelzung der männlichen Geschlechtszelle mit der Eizelle
↓
Wachstum von Samenanlage und Fruchtknoten und Entwicklung zur reifen Kirschfrucht

② Erkläre am Beispiel der Kirschblüte den Unterschied zwischen Bestäubung und Befruchtung.
Bei der Bestäubung wird der Pollen einer Kirschblüte auf die Narbe einer anderen Kirschblüte übertragen. Unter der Befruchtung versteht man die Verschmelzung der aus einem Pollenschlauch freigesetzten männlichen Geschlechtszelle mit der Eizelle in der Samenanlage des Fruchtknotens.

③ Nenne die Aufgaben der Blütenorgane bei der Bestäubung und der Befruchtung.

Blütenorgan	Aufgabe
Kelchblatt	–
Kronblatt	Anlockung von Insekten
Staubblätter	liefern im reifen Zustand Pollenkörner
Stempel	klebrige Narbe hält Pollenkörner fest
Blütenboden	enthält Nektar, lockt Insekten durch Duft an

④ Nimm Stellung zu folgender Aussage: Ohne Bienen gibt es keine Kirschen.
Bienen übertragen den Pollen von einer Kirschblüte zur anderen, sie sind also vorrangig für die Bestäubung der Kirschblüten zuständig. Da diese Bestäubung Voraussetzung für die nachfolgende Befruchtung ist, ist die Aussage richtig.
Allerdings sind für die Bestäubung und anschließende Befruchtung von Kirschblüten nicht ausschließlich Bienen verantwortlich, sondern in geringerem Umfang auch andere Insekten wie beispielsweise Hummeln. Ohne Bienen würden Kirschblüten also auch bestäubt und befruchtet, allerdings in geringerem Umfang als mit Bienen.

Seite 113

AUFGABEN Bestäubung und Befruchtung

1 Welche Blüte passt zu welchem Insekt?
a) Ordne die Blüten den dargestellten Bestäubern zu und begründe deine Entscheidung.
Heidenelke – Schmetterling
Wiesenkerbel – Stubenfliege

Apfelbaum – Honigbiene
Die Länge des jeweiligen Rüssels ist der Länge der Kronblattröhre angepasst.

2 Pollenkörner
a) Beschreibe den in der Abbildung dargestellten Vorgang.
Die Abbildung zeigt die Narbe einer Blüte kurz nach der Bestäubung. Die Pollenkörner haben begonnen, Pollenschläuche zu bilden.

3 Vergleich der Fortpflanzung bei Samenpflanzen und dem Menschen
a) Arbeite den folgenden Sachtext gründlich durch. Nimm dabei die Methode „Sachtexte leichter verstehen und behalten" auf Seite 11 zuhilfe.
–

b) Fasse die wesentlichen Gemeinsamkeiten und Unterschiede tabellarisch zusammen.
Tabelle s. S. 47 oben

2 Ordnen und Bestimmen von Samenpflanzen

Seite 115

① Nenne Merkmale, nach denen man die Samenpflanzen aus Abbildung 1 ordnen könnte.
Individuelle Lösungen, zum Beispiel könnten die Pflanzen nach der Blütenfarbe oder der Form der Blüten geordnet werden.

② Erkläre, wie der Bestimmungsschlüssel in Abbildung 3 aufgebaut ist.
Der Bestimmungsschlüssel ist so aufgebaut, dass sich immer zwei Merkmale gegenüberstehen, zwischen denen man sich entscheiden muss. Aufgrund der Entscheidung gelangt man zu einem weiteren Merkmalspaar oder am Ende eines Pfades zum Namen (beziehungsweise hier Buchstaben) der gesuchten Pflanze.

Tabelle zu Aufgabe 3 b), Seite 113:

	Samenpflanzen	Mensch
männliche Merkmale	– Staubblätter – Staubbeutel – viele Pollenkörner – Geschlechtszellen entstehen in den Pollenkörnern – Pollenschlauch bildet sich nach der Bestäubung	– Hoden – Nebenhoden – viele Spermienzellen – Geschlechtszellen = Spermienzellen – aktive Bewegung mit Geißeln
weibliche Merkmale	– Samenanlage – Narbe – Griffel – Fruchtknoten – Eizelle	– Eierstock – Eileiter – Gebärmutter – Scheide – Eizelle
Vorgänge bei der Befruchtung	1. Bei der Bestäubung gelangen Pollen auf die Narbe. 2. Der am schnellsten wachsende Pollenschlauch dringt in die Samenanlage ein. 3. Die Geschlechtszellenkerne verschmelzen. 4. Die Samenanlage versperrt den Weg für weitere Pollenschläuche. 5. Aus der befruchteten Eizelle entsteht ein Embryo.	1. Beim Geschlechtsverkehr gelangen Spermienzellen in die Scheide. 2. Die am schnellsten schwimmende Spermienzelle dringt in die Eizelle ein. 3. Die Geschlechtskerne verschmelzen. 4. Die Eizelle versperrt den Weg für weitere Spermienzellen durch Veränderung ihrer Hülle. 5. Aus der befruchteten Eizelle entsteht ein Embryo.

Seite 116

1 Erkläre mithilfe der Abbildung 1, woher sich der Name Kreuzblütler ableitet.

Die Rapsblüte hat vier Kronblätter und vier Kelchblätter, die in der Form eines Kreuzes angeordnet sind. Diesen Blütenaufbau findet man auch bei allen anderen Mitgliedern der Pflanzenfamilie, deren Name Kreuzblütler sich von der kreuzförmigen Anordnung der Kron- und Kelchblätter ableitet.

2 Recherchiere, warum Hummeln für die Bestäubung von Lippenblütlern besonders geeignet sind.

Lippenblüten können nur von Insekten bestäubt werden, deren Rüssel lang genug ist, um an den Nektar zu gelangen, der unten im röhrenförmig ausgebildeten Teil der Blüte liegt. Außerdem müssen sie schwer genug sein, damit die Staubblätter sich beim Landen des Insekts so weit absenken, dass Pollen auf dessen Rücken gelangt. Beim Besuch der nächsten Blüte streift das Insekt den Pollen auf deren Narbe ab. Lippenblütler wie die weiße Taubnessel werden daher häufig von Hummeln bestäubt.

Seite 117

AUFGABEN Ordnen und Bestimmen von Samenpflanzen

1 Schmetterlingsblütler

a) Vergleiche die Kronblätter von Schmetterlingsblütlern und Lippenblütlern.

In beiden Familien haben die Kronblätter unterschiedliche Form. Die Blüten weisen nur eine Symmetrieachse in der Senkrechten auf, an der sich die linke und die rechte Blütenhälfte spiegelt.

In beiden Familien ist die Blüte 5-zählig.

Bei den Lippenblütlern sind von den fünf Kronblättern zwei zu einer gewölbten Oberlippe und drei zu einer abstehenden Unterlippe zusammen gewachsen. Am Grund bilden die verwachsenen Kronblätter eine Röhre. Bei manchen Arten ist die Oberlippe rückgebildet.

Bei den Schmetterlingsblütlern sind drei Kronblätter frei. Ein Kronblatt bildet die etwas größere Fahne, zwei andere Kronblätter die beiden seitlichen Flügel. Die übrigen zwei Kronblätter sind zu dem Schiffchen verwachsen. In diesem liegen die Staubblätter und der Stempel.

b) Beschreibe, welche Merkmale ein Insekt haben muss, damit es Schmetterlingsblüten bestäuben kann.
Bei Schmetterlingsblütlern liegt der Nektar im Inneren der Blüte und kann daher nur von langrüsseligen Insekten erreicht werden. Insekten benötigen außerdem ein bestimmtes Gewicht, damit sie Schmetterlingsblüten bestäuben können. Nur wenn sie schwer genug sind, treten bei ihrer Landung auf dem Schiffchen die Staubgefäße und der Griffel mit der Narbe weit genug aus dem Schiffchen heraus für die Bestäubung.

c) Erstelle einen Steckbrief zu einer von dir gewählten Art aus der Familie der Schmetterlingsblütler.
Individuelle Lösungen, andere Schmetterlingsblütler sind beispielsweise Ginster, Wicke und Goldregen.

2 Korbblütler
a) Vergleiche Röhren- und Zungenblüten in einer Tabelle.

Merkmal	Röhrenblüte	Zungenblüte
Lage im Blütenstand	innen	außen
Funktion	Samenbildung	Anlockung von Insekten
Griffel und Narbe sowie Staubblätter	vorhanden (Zwitterblüte)	fehlen, Blüten sind steril
Kronblätter	miteinander verwachsen, bilden Röhre mit fünf kurzen Zipfeln	röhrenförmig verwachsen, eine lange Zunge

b) Beschreibe anhand der Abbildung die Anordnung der Blüten im korbförmigen Blütenstand der Sonnenblume.
Am Rand des Blütenstands steht eine Reihe mit Zungenblüten. Nach innen sind in mehreren Kreisen zahlreiche Röhrenblüten angeordnet. Diese blühen von außen nach innen auf, sodass sie am äußeren Rand des Blütenstands bereits verblüht sein können, während sich ein Ring mit aufgeblühten Röhrenblüten anschließt und in der Mitte noch knospige Blüten vorkommen.

c) Erstelle einen Steckbrief zu einer von dir gewählten Art aus der Familie der Korbblütler.
Individuelle Lösungen, unter anderem gehören Gänseblümchen, Ringelblume, Kamille und Margerite zu den Korbblütlern.

Seite 118

METHODE Bestimmungsschlüssel

1 Erkläre den Aufbau eines Bestimmungsschlüssels und wie man damit arbeitet.
In einem Bestimmungsschlüssel werden zu auffälligen Merkmalen Fragen gestellt, die meist nur zwei Antworten ermöglichen, im einfachsten Fall „ja" oder „nein". Durch die Antwort gelangt man zur nächsten Frage. So wird man zu weiteren Merkmalsunterschieden geleitet. Am Ende der Fragenkette gelangt man zu der gesuchten Art.

2 Bestimme mithilfe des Bestimmungsschlüssels die Namen der abgebildeten Pflanzen.
unten von links nach rechts:
Acker-Senf
Hederich
Acker-Hellerkraut
Hirtentäschelkraut
oben rechts:
Wiesen-Schaumkraut

Seite 119

METHODE Anlegen eines Herbars

1 Sammle zehn verschiedene Samenpflanzen, die auf dem Schulgelände wachsen. Lege damit ein Herbar in einem Ordner „Samenpflanzen auf dem Schulgelände" an. Mache von jeder Pflanze, die du sammelst ein Foto am jeweiligen Standort und klebe das Foto auf die Rückseite des entsprechenden Herbarbogens.
–

Samenpflanzen als Lebewesen

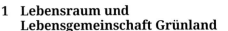

1 Lebensraum und Lebensgemeinschaft Grünland

Seite 125

1 Erkläre den Unterschied zwischen einer Wiese und einer Weide.

Wiesen sind landwirtschaftlich genutztes Grünland, das im Gegensatz zu Weiden regelmäßig gemäht wird. Das Mähgut wird als Tierfutter und in Biogasanlagen verwendet. Weiden werden von Weidetieren wie Schafen oder Kühen beweidet und müssen daher nicht gemäht werden.

2 Erläutere, weshalb Grünland vom Menschen gepflegt werden muss.

Wird künstlich geschaffenes Grünland nicht gepflegt, wachsen nach einiger Zeit wieder Sträucher und Bäume. Sie setzen sich gegenüber den Gräsern durch und langsam geht die freie Fläche in den ursprünglichen bewaldeten Zustand über.

Seite 126

1 Erkläre die Begriffe abiotische und biotische Umweltfaktoren.

Bei abiotischen Faktoren handelt es sich um Umweltbedingungen, die aus der unbelebten Umwelt stammen. Zu diesen abiotischen Faktoren gehören zum Beispiel Temperatur, Wasser und Mineralien, Licht, Wind und die Bodenbeschaffenheit. Biotische Umweltfaktoren sind Umweltbedingungen, die von Lebewesen ausgehen, also von der belebten Umwelt. Dazu gehört zum Beispiel der Einfluss anderer Lebewesen wie Konkurrenz.

2 Erstellt in Partnerarbeit Steckbriefe für zwei im Text genannte Pflanzenarten. Nehmt Fachbücher und das Internet zuhilfe.

Beispiellösung:

Sumpf-Dotterblume

Verbreitung:	gesamte Nordhalbkugel
Standort:	wechselfeuchte, mineralsalzreiche Sumpfwiesen, häufig an Flussläufen oder in Gräben
Aussehen:	sommergrüne, krautige Pflanze; Wuchshöhe 15 – 60 cm; herz- bis nierenförmige Blätter; goldgelbe Blüte; kräftiger Wurzelstock
Blütezeit:	März – Juni, je nach Standort
Besonderheiten:	über Hohlräume im Stängel können unterirdische Teile im wassergesättigten Boden mit Sauerstoff versorgt werden; in einigen Bundesländern steht sie auf der Roten Liste, da immer mehr Feuchtwiesen trockengelegt werden

Zypressen-Wolfsmilch

Verbreitung:	ganz Europa bis in Höhen von 2300 Meter
Standort:	auf Trockenwiesen, Magerrasen, Kalk
Aussehen:	mehrjährige, krautige Pflanze; Wuchshöhe 15 – 50 cm; lange, dicht beblätterte Stängel; schmale, dünne Blätter; Blütenstand bildet eine Scheindolde; Blüten sind zunächst gelb, später rot
Blütezeit:	Mai – September
Besonderheiten:	bei Verletzungen der Pflanze tritt weißer giftiger Milchsaft aus, Pflanze wird von Vieh gemieden, kann aber getrocknet im Heu zu Vergiftungen führen

Seite 127

PRAKTIKUM Untersuchungen im Freiland

1 Wie unterscheiden sich verschiedene Umweltfaktoren auf einer Wiese, am Waldrand und im Wald?

a) Klebe die Fotos von den drei Messstellen auf den Protokollbogen und gib eine kurze Wegbeschreibung dorthin an. Notiere das Datum, die Uhrzeit der Messungen sowie die Wetterbedingungen.

individuelle Lösung

b) Vergleiche die an den drei Stellen gemessenen Faktoren miteinander und erkläre die Unterschiede.

Im Wald herrschen andere Umweltfaktoren. Die Bäume geben Schutz vor starkem Wind und Regen, geben Schatten und halten Luftfeuchtigkeit zurück. Im Waldboden leben viele Kleinstlebewesen und tragen auch zu anderen Umweltbedingungen bei. Eine Wiese ist den Einflüssen des Wetters stärker ausgesetzt.

c) Beantworte die Versuchsfrage.
Die Antwort ergibt sich aus den Messungen in Aufgabe a).

2 Wie viel Wasser können unterschiedliche Böden binden?

a) Zeichne den Versuchsaufbau und protokolliere die Versuchsbeobachtungen.
Folgender Versuchsaufbau sollte skizziert werden:

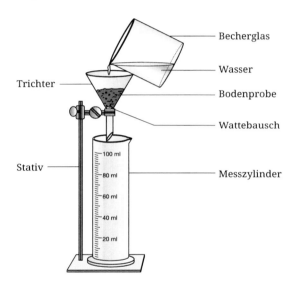

Individuelle Lösungen, abhängig von den verwendeten Bodenproben. Je grobkörniger der untersuchte Boden ist, desto schneller fließt das Wasser durch und desto größer ist die Wassermenge, die im Messzylinder aufgefangen wird.

b) Berechne für alle drei Bodenproben, wie viel Wasser zurückgehalten wurde.
Die Menge des zurückgehaltenen Wassers ergibt sich aus der Differenz der Ausgangsmenge (100 ml) und der Wassermenge, die im Messzylinder aufgefangen wurde.

c) Beantworte die Versuchsfrage.
individuelle Lösung, je nach untersuchter Bodenprobe

d) Stelle auf der Grundlage deiner Versuchsergebnisse eine Vermutung auf, warum Pflanzen nur auf bestimmten Böden wachsen können.
Je mehr Wasser ein Boden binden kann, desto mehr Regenwasser kann er aufnehmen und desto länger steht dieses den dort wachsenden Pflanzen zur Verfügung. So können sie Trockenzeiten besser überstehen. Auf sandigen Böden, die kaum Wasser speichern können, können auf Dauer nur Pflanzen überleben, die daran angepasst sind, auch längere Trockenzeiten zu überdauern.

Seite 128

(1) Teilt eure Klasse in Kleingruppen auf und erstellt Steckbriefe für die Pflanzenarten in Abbildung 2. Nehmt Fachbücher und das Internet zuhilfe.
Beispiellösung:

Wiesen-Labkraut
Verbreitung: ganz Mitteleuropa
Standort: sonnige Wiesen, Weiden und Wegränder; bevorzugt nährstoffreichen, frischen Lehmboden
Aussehen: sommergrüne, krautige Pflanze; bis zu 1 Meter; kahler, verästelter und vierkantiger Stängel; traubenförmige Blütenstände; weiße Blüten
Blütezeit: Mitte Mai – August
Besonderheiten: die Wurzeln des Wiesen-Labkrautes wurden früher zum Färben von Textilien genutzt; der in der Pflanze enthaltene Wirkstoff Lab kann zur Käseherstellung verwendet werden; die Pflanze ist essbar

Gewöhnliche Margerite
Verbreitung: ganz Europa
Standort: auf stickstoffarmen, sonnigen, frischen bis halbtrockenen Wiesen, Weiden und am Wegrand
Aussehen: mehrjährige, krautige Pflanze; Wuchshöhe 30 – 60 cm; kantiger, meist unverzweigter Stängel; Laubblätter grob gezahnt; Blütenköpfchen besteht aus gelben Röhrenblüten im Zentrum und weißen Zungenblüten am Rand
Blütezeit: Mai – September
Besonderheiten: es existieren viele Trivialnamen

für Margeriten im deutschsprachigen Raum

Spitz-Wegerich

Verbreitung: ursprünglich nur in Europa, inzwischen weltweit

Standort: an Wegen, auf Fettwiesen und Äckern

Aussehen: ausdauernde, krautige Pflanze; Wuchshöhe 5 – 50 cm; Wurzel kann bis zu 60 cm tief in den Boden reichen; Blätter in grundständiger Rosette; langer Blütenstiel mit einem dichten, ährenförmigen Blütenstand; kleine unscheinbare Blüten

Blütezeit: Mai – September

Besonderheiten: kann schmerzlindernd nach Insektenstichen angewendet werden; Inhaltsstoffe mit hustenlösender Wirkung; „Arzneipflanze des Jahres 2014"

Seite 130

PRAKTIKUM Blumenwiese

1 Stockwerke einer Wiese

a) Gestaltet mit den getrockneten Pflanzen ein Poster, auf dem die Pflanzen nach ihrer Wuchshöhe geordnet sind.

individuelle Lösungen

b) Zeichnet ein Balkendiagramm der Pflanzenhöhen auf kariertes Papier, indem jede Pflanzenart einen Strich erhält, der ein Kästchen breit ist. Beginnt mit der niedrigsten Pflanze links. Erklärt, warum man bei einer Wiese von Stockwerken sprechen kann.

individuelle Lösung,

Die Pflanzen können nach ihre Wuchshöhe in verschiedene Gruppen unterteilt werden. Zwischen einer Gruppe etwa gleich großer Pflanzen und der nächsten sind deutliche Abstände zu erkennen. Auf diese Weise bilden sich Stockwerke.

c) Ein Stockwerk nennt man auch Blütenschicht, eines Blattschicht. Ordnet die Bezeichnungen zu.

Die Blütenschicht bildet mit den Blüten der Gräser und Kräuter das oberste Stockwerk einer Wiese. Darunter liegt die Blattschicht mit den Blättern und Stängeln der Wiesenpflanzen.

2 Tiere einer Wiese

a) Teilt die Tiere in solche ein, welche die Wiese nur vorübergehend besuchen, und solche, die sich immer dort aufhalten.

Dauerhafte Bewohner einer Wiese sind Schnecken, Ameisen, Blattläuse, Würmer, Spinnen, Asseln und Milben (zum Beispiel Zecken).

Besucher einer Wiese sind Bienen, Wespen, Hummeln, Fliegen, Schmetterlinge und Käfer.

b) Ordnet die Tiere bestimmten Stockwerken der Wiese zu. Stellt begründete Vermutungen an, warum sich die Tiere dort aufhalten.

In der Boden- und Wurzelschicht leben Würmer, Asseln, Tausendfüßler und Insektenlarven. Diese Tiere zersetzen organische Reste im Boden oder ernähren sich von Wurzeln. Hier sind die Tiere vor dem Austrocknen und vor Räubern wie Vögeln oder Hornissen geschützt.

In der Streuschicht halten sich hauptsächlich Käfer, Spinnen, Wanzen, Heuschrecken und Ameisen auf. Sie ernähren sich von Pflanzenresten oder jagen am Boden andere kleinere Insekten. Auch in dieser Schicht sind die Tiere vor Vögeln geschützt.

Weiter oben in der Blatt- und Stängelschicht leben Spinnen, Läuse und Milben. Spinnen spannen ihre Netze zwischen die Halme, um Insekten zu fangen. Läuse und Milben saugen aus den Stängeln der Pflanzen den zuckerhaltigen Pflanzensaft.

In der Blütenschicht leben Insekten, die sich vom Nektar der Blüten ernähren. Dazu gehören Schmetterlinge, Bienen, Wespen und Mücken. Aber auch räuberische Insekten wie Hornissen und Libellen, die andere Insekten jagen, kommen hier häufig vor.

Seite 131

AUFGABEN Wiesen

1 Temperatur und Luftfeuchtigkeit auf einer ungemähten Wiese

a) Fertige für die Messwerte der Tabelle jeweils ein Liniendiagramm an. Erläutere die Ergebnisse der Messungen.

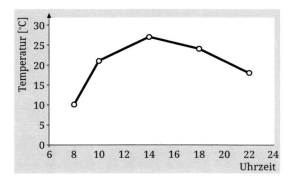

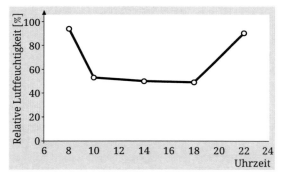

Am Morgen ist nach der kühlen Nacht die Temperatur noch relativ niedrig, steigt aufgrund der Sonneneinstrahlung während des Vormittags an und erreicht um 14:00 Uhr den höchsten Tageswert. Dann sinkt sie wieder, weil die Sonneneinstrahlung aufgrund des Neigungswinkels der Sonne geringer wird. Nach Sonnenuntergang gegen 22:00 Uhr werden die Messungen beendet.
Einen ganz anderen Tagesverlauf hat die Luftfeuchtigkeit. Um 8:00 Uhr ist sie sehr hoch, sinkt dann bis zum Abend und steigt nachts wieder an.

b) Vergleiche den Verlauf der beiden Kurven und stelle Vermutungen an über eventuelle Zusammenhänge zwischen den Kurvenverläufen.
Luft kann je nach Temperatur nur eine begrenzte Menge an Wasser aufnehmen. Kalte Luft kann nur wenig Wasser aufnehmen, warme Luft deutlich mehr. Mit einem Hygrometer wird der Anteil des Wassers in der Luft bestimmt. Dieser Anteil wird als relative Luftfeuchtigkeit (LF) bezeichnet und ist abhängig von der Temperatur. Er wird in Prozent angegeben. Eine LF von 100 % wird festgelegt, wenn bei einer bestimmten Temperatur die Luft maximal mit Wasser gesättigt ist. Um 8:00 Uhr ist die LF mit 94 % sehr hoch. Bei 100 % käme es zur Nebelbildung. Dies wäre zum Beispiel der Fall, wenn die Temperatur etwas sinken würde. Durch die Sonneneinstrahlung wird jedoch die Luft erwärmt. Die Wassermenge in der Luft bleibt zwar gleich, aber die Aufnahmekapazität steigt. Deshalb werden die Zahlenwerte für die LF im Lauf des Tages kleiner. Wenn abends die Luft kühler wird, steigt die LF wieder an.
Hinweis: Für genauere Analysen muss berücksichtigt werden, dass im gegebenen Beispiel die in der Luft enthaltene Wassermenge sich tagsüber verändert. Durch die Sonneneinstrahlung steigt erwärmte Luft nach oben und nimmt einen Teil des Wassers mit. Nachts nimmt die Luft infolge der Verdunstung des Bodens und der Pflanzen wieder Wasser auf.

c) Vergleiche die Kurvenverläufe im abgebildeten Diagramm. Beachte dabei besonders die Temperaturunterschiede zwischen den verschiedenen Messbereichen am frühen Morgen, mittags und am Abend.
Die Temperaturverhältnisse im Boden ändern sich im Tagesverlauf kaum. Direkt am Boden schwankt die Temperatur zwischen etwa 10 °C um 5:00 Uhr, 18 °C um 14:00 Uhr und 13 °C um 20:00 Uhr. Die Messwerte für die Messbereiche 5 cm beziehungsweise 30 cm über dem Boden ergeben am frühen Morgen und am Abend ähnliche Werte. Jedoch unterscheiden sich diese Werte im Tagesverlauf. In 30 cm Höhe werden deutlich höhere Werte gemessen als in 5 cm Höhe.

d) Aus den beobachteten Temperaturverläufen ergeben sich Konsequenzen für hitzeempfindliche Bewohner der Wiese. Erläutere die Feststellung.
Die Umgebungstemperatur ist ein abiotischer Faktor. Aufgrund ihrer Hitzeempfindlichkeit können sich manche Pflanzen- und Tierarten nur knapp über und auf dem Boden entwickeln. In die höheren Stockwerke der Wiese können sie nicht vordringen.

2 Blumenwiese und Rasen

a) Vergleiche die beiden Abbildungen und nenne wesentliche Unterschiede dieser beiden Typen von Wiese.

Die abgebildete Blumenwiese ist durch ihre Vielfalt an Wiesenblumen gekennzeichnet. Die Blumen, vor allem Margeriten, wachsen hüfthoch. Dies zeigt, dass diese Blumenwiese nur selten gemäht wird. Die Gräser mit ihren unscheinbaren Blüten treten in den Hintergrund.

Der abgebildete Rasen besteht fast nur aus Gräsern. Die einheitliche Länge der abgeschnittenen Grashalme zeigt, dass der Rasen sehr oft gemäht wird.

b) Beschreibe, wie sich Blumenwiesen und Rasenflächen im Jahresverlauf verändern.

Das Aussehen der Blumenwiese wird durch einen jahreszeitlichen Wechsel bestimmt. Je nachdem, welche Blumen im Jahresverlauf besonders zahlreich gedeihen, ändert sich der farbliche Gesamteindruck. Eine Wiese wird überhaupt nicht oder nur wenige Male im Jahr gemäht.

Eine Rasenfläche wird oft bereits Ende April zum ersten Mal gemäht. Im Mai und Juni wird fast jede Woche gemäht. Deshalb können andere Pflanzen als Gräser dort nicht wachsen. Wird zusätzlich gedüngt, wachsen die Gräser besonders schnell und vermehren sich durch Bildung neuer Halme direkt über dem Boden.

c) Recherchiere, wie man eine Blumenwiese beziehungsweise einen Rasen anlegt und wie man sie so pflegt, dass sie dauerhaft erhalten bleiben.
individuelle Lösung

d) Stelle Vermutungen an, aus welchen Gründen Gartenbesitzer einen der beiden Wiesentypen bevorzugen.

Ein naturverbundener Gartenbesitzer wird die Wiese als Lebensraum für viele Pflanzen und Tiere schätzen. Er wird die Blumen wachsen lassen und nur bei Bedarf mit einem natürlichen Dünger düngen. Je mehr unterschiedliche Pflanzen bei ihm wachsen, desto mehr verschiedenen Tierarten bietet der Garten Nahrung und Lebensraum. Wenn jemand dagegen die Wiese zum Fußballspielen, für andere Sportarten oder als Liegefläche nutzen möchte, wird er einen Rasen bevorzugen.

e) Beurteile die Bedeutung einer Blumenwiese beziehungsweise eines Rasens für die Artenvielfalt.

Die Blumenwiese bietet in ihren Stockwerken unterschiedliche Lebensbedingungen für Pflanzen und Tiere. Je mehr Pflanzenarten auf einer Wiese vorkommen, desto größer ist auch die Artenvielfalt der Tiere in diesem Lebensraum.

Ein Rasen dagegen ist ein sehr artenarmer Lebensraum. Außer Gräsern kommen kaum Pflanzenarten vor. Auch die Zahl der Tierarten, die man hier finden kann, ist sehr gering.

2 Bewirtschaftung verändert den Lebensraum Grünland

Seite 132

(1) Begründe, warum die Artenvielfalt von Pflanzen bei extensiver Nutzung höher ist als bei intensiver Nutzung.

Durch das regelmäßige Mähen der Grünflächen können auf intensiv genutzten Flächen nur Pflanzen wachsen, die schnell wieder austreiben oder in kurzer Zeit Früchte bilden. Zudem werden die Flächen oft gedüngt, dadurch werden schnell wachsende Gräser begünstigt. Auf Wiesen, die nicht gedüngt werden, können sie nicht so gut wachsen. Dafür können sich konkurrenzschwächere Pflanzen hier durchsetzen, die mit weniger Nährstoffen auskommen.

(2) Bewerte die Bedeutung von Grünland für den Naturschutz.

Intensiv genutztes Grünland weist keine große Artenvielfalt auf. Daher ist es für den Umweltschutz nicht von großer Bedeutung. Wiesen und Grünland, die nicht gemäht und gedüngt werden, weisen jedoch eine hohe Artenvielfalt an Pflanzen auf. Hier kommen zum Teil auch seltene Pflanzen vor. Das wiederum begünstigt eine hohe Zahl an verschiedenen Insekten und kleinen Tieren. Für den Erhalt der Artenvielfalt sind diese Flächen daher sehr wertvoll. Viele Insektenarten, vor allem Bienen, gehören zu wichtigen Helfern in der Landwirtschaft. In Monokulturen können sie nicht auf Dauer überleben.

3 Bedeutung von Grünland für Mensch, Natur und Umwelt

Seite 133

(1) Abbildung 2 zeigt die 18 bayrischen Naturparks. Recherchiere deren Bezeichnungen und ordne sie den Ziffern in der Abbildung zu.

1 Naturpark Altmühltal
2 Naturpark Augsburg - Westliche Wälder
3 Naturpark Bayerische Rhön
4 Naturpark Bayerischer Wald
5 Naturpark Bergstraße - Odenwald
6 Naturpark Fichtelgebirge
7 Naturpark Frankenhöhe
8 Naturpark Frankenwald
9 Naturpark Fränkische Schweiz - Veldensteiner Forst
10 Naturpark Haßberge
11 Naturpark Nördlicher Oberpfälzer Wald
12 Naturpark Oberer Bayerischer Wald
13 Naturpark Oberpfälzer Wald
14 Naturpark Spessart
15 Naturpark Steigerwald
16 Naturpark Steinwald
17 Naturpark Hirschwald
18 Naturpark Nagelfluhkette

Seite 134 - 135

AUFGABEN Bewirtschaftung und Bedeutung von Grünland

1 Grünland am Fluss

a) Informiere dich im Text über die Bedeutung von Flussauen.

Flussauen sind Überschwemmungsgebiete von Flüssen. Bei Trockenlegung können sie besiedelt oder als Mähwiesen genutzt werden. Der Boden ist gut durchwurzelt, locker und kann viel Wasser aufnehmen und filtrieren. Flussauen sind ein vielfältiger Lebensraum für besondere Lebensgemeinschaften mit vielen seltenen Pflanzen- und Tierarten.

b) Stelle in einer Tabelle Argumente zusammen, mit denen die Stadträte der ersten drei Gruppen ihre Umgestaltungspläne begründen könnten.
Tabelle s. unten

c) Stelle Vermutungen auf, welche Gegenargumente die vierte Gruppe aufgrund der zu erwartenden Folgen für die Flussaue vorbringen könnte.

Die vorgeschlagenen Maßnahmen würden mehr oder weniger die Flussaue zerstören, damit den Lebensraum seltener Tier- und Pflanzenarten vernichten und auf diese Weise auch die Lebenswelt des Menschen nachhaltig beeinträchtigen.

- Rad- und Wanderwege locken viele Menschen in die Natur. Lärm und Aktivitäten vertreiben die Tiere, und die Menschen hinterlassen Müll. Sie pflücken absichtlich oder unabsichtlich auch unter Naturschutz stehende Pflanzen und betreten auch abgegrenzte Gebiete und zerstören den Lebensraum.
- Durch das Anlegen von Wohnsiedlungen verliert die Flussaue ihre Schutzfunktion gegen Über-

Gruppe 1	Gruppe 2	Gruppe 3
ökonomischer Nutzen:	gesellschaftlicher Nutzen:	ökonomischer Nutzen:
– Geldeinnahmen durch den Flächenverkauf	– gesundheitlicher Aspekt: Wandern und Radfahren nützt der Gesundheit des Menschen	– maximaler Gewinn durch umfassende Erschließung eines neuen Industriegebietes
– Steuereinnahmen durch neuangesiedelte Arbeitnehmer	– Erhalt der Landschaft und der Natur	– Erhöhung der Attraktivität des Standorts
– Wirtschaftlicher Gewinn durch neue Betriebe und Geschäfte	– Hochwasserschutz durch die Flussaue bleibt erhalten	– Schaffung neuer Arbeitsplätze
		– Erhöhung der Steuereinnahmen
		– Steigerung des Wohlstands für alle

schwemmungen. Der Boden wird verdichtet und das Wasser wird nicht mehr filtriert. Es entstehen also enorme finanzielle Risiken.
- Am höchsten ist die Gefährdung durch neue Industriebetriebe. Giftstoffe aus den Werkhallen und Altöl aus den Tankstellen gefährden die Umwelt und damit auch die in der Stadt lebenden Menschen.

d) Stelle in einer Mindmap die „Dafür"- und „Dagegen"-Argumente dar.
individuelle Lösung

e) Nimm Stellung aus Sicht eines „Experten", der nach Anhörung und Gewichtung der unterschiedlichen Argumente dem Stadtrat seine Einschätzung vorträgt.
individuelle Lösung

2 Abhängigkeit der Artenvielfalt von Mahd und Düngung

a) Stelle das Ergebnis beider Versuchsreihen jeweils in einem Säulendiagramm dar.
Untersuchung 1:

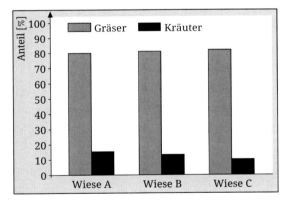

Untersuchung 2:

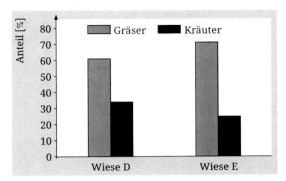

b) Vergleiche die Versuchsergebnisse und ziehe begründete Schlussfolgerungen.
Untersuchung 1 bezieht sich auf vergleichbare Wiesen, die jeweils viermal im Jahr gemäht wurden. Unterschiedlich war die Anzahl der Düngungsvorgänge mit Gülle. Es zeigte sich, dass bei häufigerem Düngen der Anteil an Gräsern zunahm, an Kräutern jedoch abnahm.
In Untersuchung 2 wurden die Wiesen nur 3 mal im Jahr gemäht. Sie wurden unterschiedlich oft gedüngt. Der Anteil der Gräser stieg mit der Häufigkeit des Düngens, wobei die Kräutern abnahmen.
Je häufiger eine Wiese gedüngt wird, desto höher ist der Anteil an Gräsern. Der Anteil an Kräutern sinkt. Gräser können auf die durch Düngemittel bedingte Stoffzufuhr schneller und effektiver reagieren als Kräuter und haben dadurch Wachstumsvorteile.
Eine höhere Anzahl an Mähvorgängen erhöht den Anteil an Gräsern. Die Ursache liegt in der Schnellwüchsigkeit von Gräsern, die sich auch durch die Bildung von Seitentrieben schnell vermehren.

c) Stelle tabellarisch die Kennzeichen und Eigenschaften extensiver und intensiver Nutzung von Grünland dar.

	extensive Nutzung	intensive Nutzung
Mahd	selten	oft
Düngung	wenig	oft
Weidetiere	geringer Besatz	hoher Besatz
Artenvielfalt	Artenvielfalt bleibt erhalten	Verlust der Artenvielfalt
Erträge	gering	hoch
Kosten	gering	hoch
Arbeitsaufwand	gering	hoch

d) Begründe, um welche der beiden gegensätzlichen Wirtschaftsformen es sich bei der Nutzung der fünf untersuchten Wiesen jeweils handelt.
Aufgrund der Anzahl der Mähvorgänge und der intensiven Düngung handelt es sich bei den Wiesen A, B und C um intensiv genutzte Wiesen. Die Wiesen D und E sind zwar keine intensiv genutzten Wiesen, es liegt aber auch keine typische extensive Bewirtschaftung vor. Hier handelt es sich um eine Zwischenform beider Wirtschaftsformen.

3 Grünland und Bestände des Großen Brachvogels
a) Stelle die Entwicklung des Brachvogelbestandes in Form eines Säulendiagramms und den Anteil der Grünflächen an der Gesamtfläche in Bayern in Form eines Liniendiagramms dar.

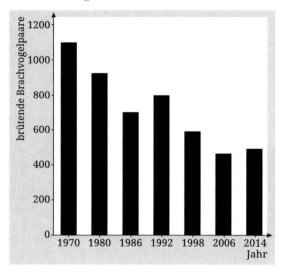

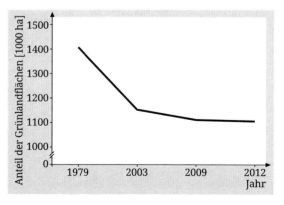

b) Beschreibe die Entwicklung des Brachvogelbestandes und die Entwicklung der Grünflächen in Bayern.
Der Bestand an Brachvogelpaaren in Bayern ist im Zeitraum von 1970 bis 1998 um etwa die Hälfte zurückgegangen. Nach 2006 steigt die Zahl der Brachvogelpaare bis 2014 wieder an. Auch der Anteil an Grünlandflächen nahm in Bayern von 1979 bis 2012 stark ab. 1979 wies Bayern noch 1.409.000 Hektar Grünflächen auf, 2012 nur noch 1.109.000 Hektar. Allerdings ist auch bei den Grünflächen zu erkennen, dass die meisten bis 2003 verloren gegangen sind. Danach gibt es nur einen sehr geringen Rückgang.

c) Erkläre, wie die Entwicklung von Grünflächen und Brachvogelbestand zusammenhängt.
Je mehr Grünland in Bayern reduziert wurde, desto weniger Brachvogelpaare konnten gezählt werden. Erst als zu Beginn der 2000er Jahre die Grünlandflächen nicht weiter zurückgingen, stabilisierten sich auch die Zahlen an Brachvogelpaaren. Im Jahr 2014 war im Vergleich zu 2006 sogar eine Zunahme zu beobachten. Der Große Brachvogel ist ein Bodenbrüter. Er lebt in Mooren und Feuchtwiesen und baut sein Nest in einer flachen Bodenmulde aus Gras und Moos. Hierzu benötigt er ausreichend Grünflächen.

4 Veränderung der Artenvielfalt auf Wiesen
a) Werte die beiden Diagramme aus.
In Kreisdiagram A ist der Anteil verschiedener Pflanzenarten auf einer Wiese dargestellt, die ein- bis zweimal im Jahr geschnitten wird. Hier dominieren die hohen Gräser, sie stellen fast die Hälfte aller Pflanzen auf einer solchen Wiese dar. Niedrige Gräser machen nur etwa 15 % aus, Klee kommt noch seltener vor.
Auf Wiesen, die fünf- bis sechsmal pro Jahr gemäht werden, kommen vor allem niedrige Gräser vor. Hohe Gräser kommen kaum vor, Klee macht dafür rund ein Viertel aller Arten aus. Die pflanzliche Zusammensetzung einer Wiese schwankt demnach stark, je nachdem wie oft sie gemäht wird.

b) Erkläre, weshalb sich die Pflanzenzusammensetzung einer Wiese durch regelmäßige Mahd verändert.
Bei einer Mahd werden Pflanzen kurz über dem Boden abgeschnitten. Wird häufig gemäht, so ist es für viele Pflanzen unmöglich, zu ihrer ganzen Größe heranzuwachsen. Pflanzen, die schnell wachsen, haben dann Vorteile und finden sich deswegen hier vermehrt. In selten gemähten Wiesen können auch höhere Gräser

und Kräuter wachsen und sorgen dafür, dass niedrigere Arten verdrängt werden, da zu ihnen dann nur wenig Licht gelangt.

c) Stelle begründete Vermutungen über die Artenvielfalt eines Rasens auf einem Fußballplatz an.

Der Rasen eines Fußballfeldes wird sehr häufig gemäht. Pflanzen, die schnell austreiben und wachsen und auch der hohen Trittbelastung durch die Spieler besser standhalten, wachsen hier besonders, da sie keine Konkurrenz von höheren Arten bekommen. Dieser Belastung halten besonders niedrig wachsende Gräser stand.

Bildquellen

Blend Images, Berlin: 4; Blickwinkel, Witten: 10 (McPHOTOs), 49 (McPHOTO/M. Begsteiger), 49 (euroluftbild.de/Robert Grahn); ecopix Fotoagentur, Berlin: 10 (Andreas Froese); fotolia.com, New York: 10 (Jürgen Fälchle), 10 (Girasole75), 44 (E. Schittenhelm); fotosearch.com, Waukesha: 44 (BurAnd); Getty Images, München: 44 (Fotodesign Herzig/the food passionates); Intro, Berlin: 49 (Yvonne Szallies); iStockphoto.com, Calgary: Umschlag (lightstock); Kuttig, Siegfried, Lüneburg: 49; mauritius images GmbH, Mittenwald: 4 (Uwe Umstaetter), 10 (Jiri Hubatka), 49 (Andreas Vitting); pixabay.com, Neu-Ulm: 4; Shutterstock.com, New York: 44 (Bildagentur Zoonar GmbH); Tierbildarchiv Angermayer, Holzkirchen: 44; Tönnies, Frauke, Laatzen: 4; © Dr. Ralf Wagner, www.dr-ralf-wagner.de, Düsseldorf: 4.

Es war nicht in allen Fällen möglich, die Inhaber der Bildrechte ausfindig zu machen und um Abdruckgenehmigung zu bitten. Berechtigte Ansprüche werden selbstverständlich im Rahmen der üblichen Konditionen abgegolten.